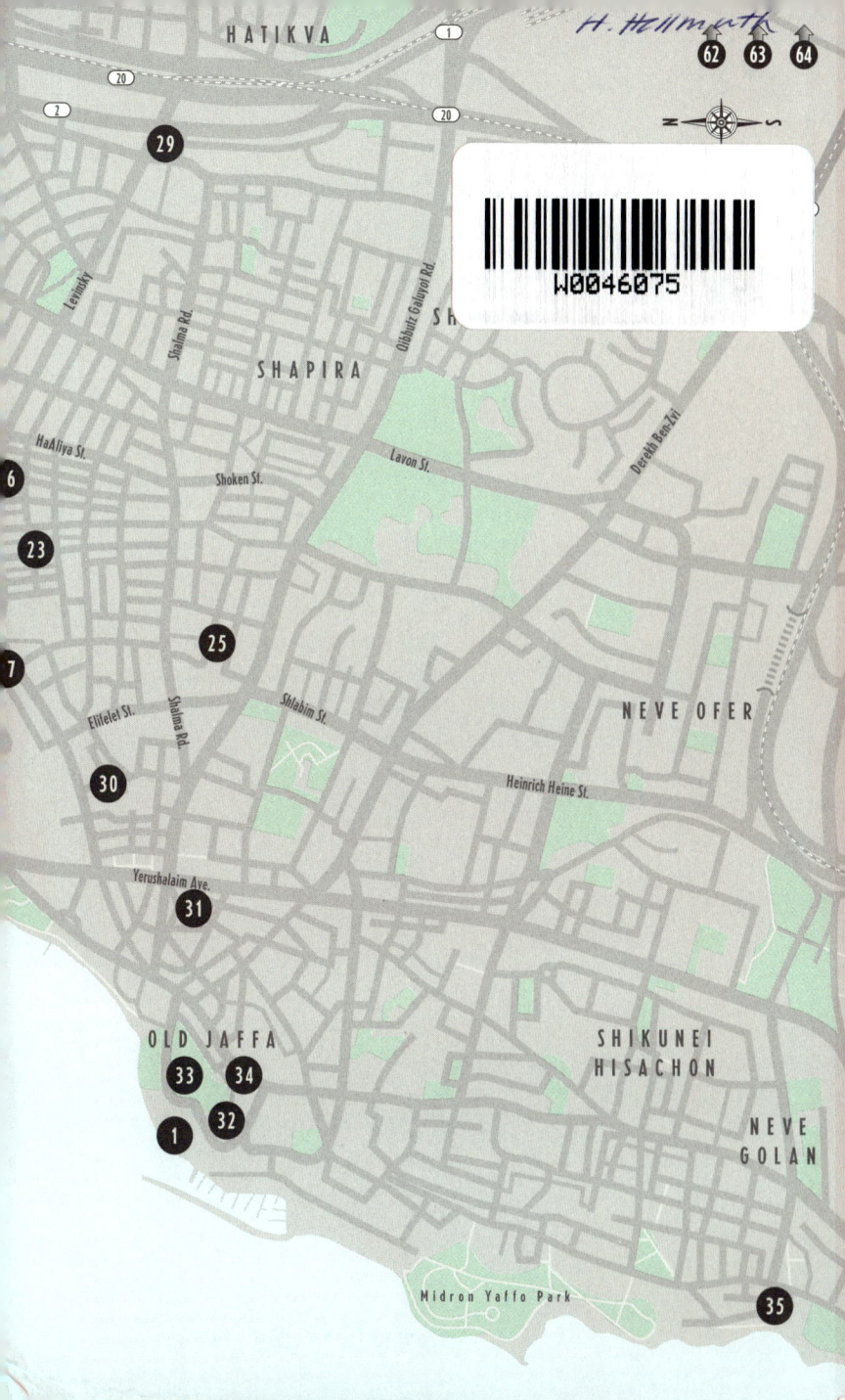

H. Hellmuth

HATIKVA

SHAPIRA

SHIKUNEI
HISACHON

OLD JAFFA

NEVE OFER

NEVE
GOLAN

Midron Yaffo Park

Levinsky

Shalma Rd.

HaAliya St.

Shoken St.

Elifelet St.

Shalma Rd.

Shlabim St.

Yerushalaim Ave.

Lavon St.

Heinrich Heine St.

Derekh Ben-Zvi

Olbbit Galuyot Rd.

insel taschenbuch 4631
Peter Münch / Beryl Schennen
Tel Aviv & Jerusalem – Lieblingsorte

LIEBLINGSORTE

Insel

TEL AVIV
& JERUSALEM

PETER MÜNCH

MIT FOTOGRAFIEN VON BERYL SCHENNEN

Dieses Buch ist ein kollektives Werk. Zum Team gehören noch Christiane Peterseim und Alon Caspi. Gemeinsam haben wir die Orte ausgewählt, erkundet und bewertet. Wir haben über die Texte und die Bilder diskutiert – und sind dabei unseren Lieblingsorten noch ein Stück näher gekommen.

2. Auflage 2018

Erste Auflage 2018
insel taschenbuch 4631
Originalausgabe
© Insel Verlag Berlin 2018
Alle Rechte vorbehalten, insbesondere das der Übersetzung,
des öffentlichen Vortrags sowie der Übertragung durch Rundfunk
und Fernsehen, auch einzelner Teile.
Kein Teil des Werkes darf in irgendeiner Form (durch Fotografie,
Mikrofilm oder andere Verfahren) ohne schriftliche Genehmigung
des Verlages reproduziert oder unter Verwendung elektronischer
Systeme verarbeitet, vervielfältigt oder verbreitet werden.
Für Inhalte von Webseiten Dritter, auf die in diesem Werk verwiesen
wird, ist stets der jeweilige Anbieter oder Betreiber verantwortlich,
wir übernehmen dafür keine Gewähr. Rechtswidrige Inhalte waren
zum Zeitpunkt der Verlinkung nicht erkennbar.
Vertrieb durch den Suhrkamp Taschenbuch Verlag
Umschlaggestaltung und Layout: Marion Blomeyer, München
Illustrationen: Ryo Takemasa, Tokio
Karten: Peter Palm, Berlin
Satz: Greiner & Reichel, Köln
Druck: CPI – Ebner & Spiegel, Ulm
Printed in Germany
ISBN 978-3-458-36331-6

INHALTSVERZEICHNIS

TEL AVIV

Die Stadt von oben: Meer und mehr

ABRASHA-PARK

TIPP

WER ABERGLÄUBISCH IST, SOLLTE VOM PARK AUS AUF DER »WUNSCHBRÜCKE« MIT DEN DORT ANGEBRACHTEN ZWÖLF STERNZEICHEN ZURÜCK ZUM ZENTRALEN KEDUMIM-PLATZ LAUFEN. HIER NÄMLICH GEHT ANGEBLICH FÜR JEDEN EIN WUNSCH IN ERFÜLLUNG, DER AUFS MEER BLICKT UND DABEI SEIN STERNZEICHEN BERÜHRT. ES IST BELEGT, DASS DIES NOCH KEINEM GESCHADET HAT.

Alles ist auf Sand gebaut: die Häuser und die Bürotürme, die Highways und die Boulevards. Dünenlandschaft war das hier noch bis zur Stadtgründung 1909. Und heute: eine wummernde Metropole, die damit wirbt, dass sie niemals schläft. Die 24/7-Stadt, immer unter Volldampf. Einerseits. Andererseits trifft hier das Meer aufs Land und hat der Stadt einen so goldsandigen Strand geschenkt, dass jeder jederzeit mit Blick auf die Wellen der Welt den Rücken kehren kann.

Tel Aviv ist eine Stadt der Gegensätze und Extreme, und nirgends lässt sich das mit dem gebührenden Abstand besser betrachten als vom Abrasha-Park auf dem Altstadthügel von Jaffa aus. Es ist der wohl höchste Punkt der Mittelmeer-Metropole – sieht man einmal von den Hochhäusern ab, die ringsum in den Himmel gewachsen sind, und von jenem riesigen Kran, der gleich neben dem Park von einem neuen Hochhaus kündet.

Der Blick aufs Häusermeer geht genauso weit wie der aufs blaue Meer. Nicht jeder denkt dabei sofort an Wuppertal oder Bielefeld, doch statistisch gesehen, spielt Tel Aviv ungefähr in dieser Liga. Lediglich rund 400 000 Einwohner werden ausgewiesen. Des Rätsels Lösung: Tel Aviv ist nicht nur mit der offiziell dazugehörigen alten arabischen Schwesterstadt Jaffa zusammengewachsen, sondern nahtlos auch mit einer ganzen Reihe anderer wuchernder Vorstädte wie Ramat Gan und Givatayim. Im Großraum leben 3,5 Millionen Menschen, fast die Hälfte der israelischen Gesamtbevölkerung also. Ohne Zweifel schlägt in Tel Aviv das kulturelle und wirtschaftliche Herz des Landes. Die Regierung mag im 60 Kilometer entfernten Jerusalem sitzen. Hier ist die Hauptstadt der Lebensfreude.

So wie draußen auf dem Meer im Winter die Stürme toben, so stürmt es auch in dieser Stadt, ganzjährig allerdings. Dass sie einst als Gartenstadt angelegt wurde von den Gründern, ist nur noch selten zu sehen. Ganze Nachbarschaften weichen neuen Bauprojekten, und selbst vom Parkhügel aus wird es immer schwerer, einzelne Türme als Landmarken zu identifizieren: den breitschultrigen Shalom-Tower zum Beispiel, das erste Hochhaus der Stadt aus dem Jahr 1965. Oder weiter nördlich die drei Azrieli-Türme, einer dreieckig, einer rund, einer rechteckig. In ihrem Silberglanz würden sie durchaus zum Wahrzeichen taugen, wenn die Konkurrenz unter den Hochhäusern nicht so groß wäre.

Doch bei allem Wandel bleibt eines immer gleich: Tel Aviv ist spannend und entspannend, getrieben und gechillt zugleich. Oben auf der Wiese im Abrasha-Park mischt sich das Rauschen des Meeres mit dem Rauschen der Stadt. Yoga machen hier manche, und andere atmen nur schnell mal durch, bevor sie sich wieder hineinstürzen ins Gewühl.

Auf dem Rothschild Boulevard

Am Anfang war das Pferd

TIPP

DIREKT GEGENÜBER DER STATUE LOCKT DIE
»SOMMER CONTEMPORARY ART«-GALERIE
MIT EINEM STÄNDIG WECHSELNDEN
SPANNENDEN PROGRAMM.
ROTHSCHILD BOULEVARD 13
MO - DO 10-18 UHR, FR 10-14 UHR,
SA 11-13 UHR
WWW.SOMMERGALLERY.COM

Wo er wohl hinreiten würde, wenn er nicht so verdammt fest im Boden verankert wäre? Runter zum Strand vielleicht, dort, wo alles angefangen hat im hellsten Sonnenlicht? Oder rüber zur großen Straße, die heute seinen Namen trägt – da, wo Tel Aviv am telavivischsten ist mit den ganzen Cafés und dem Kommerz und dem kosmopolitischen Flair? Die eiserne Reiterstatue von Meir Dizengoff weit unten auf dem Rothschild Boulevard lädt ein zu einer kleinen Meditation darüber, wo diese Stadt herkam und wo sie hinstrebt. Bänke stehen direkt gegenüber genügend bereit, so dass man in aller Ruhe einmal diesen Herrn beobachten kann, der mit Mantel und

Hut hier hoch zu Ross thront. Er ist der erste Bürgermeister dieser Stadt gewesen. Fast 25 Jahre hat er amtiert bis zu seinem Tod 1936. Vor allem aber war er ein Mann mit einer großen Vision, und diese Vision lebt fort in den Straßen von Tel Aviv.

Meir Dizengoff, ein Ingenieur und Kaufmann aus dem südosteuropäischen Bessarabien, hatte sich 1905, beseelt von den zionistischen Ideen, in Jaffa niedergelassen. 1909 stand er gemeinsam mit ein paar dutzend Anderen auf einer Düne am Strand, um Parzellen auszulosen für ein neues Wohngebiet außerhalb der alten arabischen Stadt. Daraus ist dann in rasanter Geschwindigkeit Tel Aviv entstanden.

Dass es mit dieser Stadt so schnell aufwärts ging, hatte viel zu tun mit der Energie von Meir Dizengoff, der Tel Aviv zum geschäftlichen und kulturellen Zentrum des jüdischen Lebens im damaligen Palästina machen wollte. Die Fortschritte inspizierte er am liebsten vom Rücken seines Pferdes aus, selbst als um ihn herum schon längst der motorisierte Verkehr tobte.

Sein Privathaus errichtete er auf dem heutigen Rothschild Boulevard, und beim Tod seiner Frau Zina im Jahr 1930 übergab er das Gebäude an die Stadt, um dort ein Kunstmuseum zu eröffnen. Er selbst blieb bis zum Lebensende im Obergeschoss wohnen und unterstützte tatkräftig den

Ausbau des Museums. Im Saal des Erdgeschosses wurde dann Geschichte geschrieben, als David Ben Gurion hier am 14. Mai 1948 die Gründung des Staates Israel proklamierte.

In Dizengoffs altem Wohnhaus zieht heute die »Independence Hall« als Museum zur israelischen Selbstvergewisserung die Besucher an. Soldaten und Schüler kommen in ganzen Busladungen, Touristen trotten hinterher. Direkt gegenüber auf dem Boulevard aber steht seit dem 100. Stadtgründungsjubiläum 2009 die vom Künstler David Zondolovitz geschaffene Reiterstatue. Die Kinder klettern hoch und leisten dem alten Bürgermeister auf dem Pferderücken Gesellschaft. Straßenmusiker spielen ihm ein Ständchen. Um ihn herum tobt das Leben. Ganz so, wie Meir Dizengoff sich das vorgestellt hat.

3

Für Stammgäste

Besser lässt sich der Tag nicht beginnen: raus aus dem Bett, raus auf die Straße – und nirgendwo rein, schon gar nicht ins Büro. Sondern draußen bleiben, in der Sonne sitzen, Zeitung lesen und dabei einen herrlich cremigen Kaffee Hafuch genießen, den niemand Cappuccino nennen sollte, niemals. Dafür gibt es nur einen Platz: den Kaffee-Kiosk mitten auf dem prächtigen Rothschild Boulevard.

Die Kioske sind eine Institution auf den Boulevards dieser Stadt. Sie stehen wie eingepflanzt und frisch erblüht auf den breiten Gehwegen zwischen den Fahrbahnen, kleine Häuschen nur mit ein paar Tischen drum herum. Hier trifft man sich oder

ROTHSCHILD COFFEE SPOT
ROTHSCHILD BOULEVARD AUF HÖHE
DER HAUSNUMMER 80
SO - FR 6.30–24 UHR, SA 7.30–24 UHR

genießt allein die Zeit – bis man dann doch irgendwann mit dem Tischnachbarn ins Gespräch kommt. Geschäfte werden hier angebahnt und Beziehungen. Beim dritten Besuch darf man sich als Stammgast fühlen.

Wie sehr die Kioske zur Stadt gehören, wird schon daran deutlich, dass der erste seiner Art bereits 1910, also nur ein Jahr nach der Stadtgründung, eröffnet wurde – selbstverständlich auf dem Rothschild Boulevard. Dort steht er immer noch an der Ecke Rothschild/Herzl Street, heute als »Espressobar«. Manche Kioske locken ihre Kundschaft sogar mit Sushi oder Burger an, doch dazu hier keinen Ton.

Denn die wahre Bestimmung des Kiosks ist die Kaffeekultur, die in Tel Aviv mit aller Konsequenz gepflegt wird. Nur Anfänger bestellen einfach einen Kaffee oder Espresso. Die Fortgeschrittenen verbinden die Bestellung mit einer genauen Anweisung an die Bedienung: »doppelter Espresso, verlängert, aber nicht zu viel«, »auf keinen Fall Milch, nur Sojamilch«, »drei Tropfen nur, und bitte nicht gesüßt«. Geduldig wird jede Bestellung aufgenommen. Beim Kaffee gibt es keine Kompromisse – und auch nicht beim Kiosk.

Denn da kann es nur einen geben, selbst wenn das für jeden ein anderer ist. Aus den vielen Kiosken der Stadt sucht sich jeder seinen Lieblingskiosk heraus, zum Beispiel ebenjenen »Rothschild Coffee Spot« an der Ecke Mazeh Street. Der ist dann der Beste, absolut. Nirgendwo gibt es zum Kaffee bessere Sandwiches oder Süßes, nirgends mittags einen besseren Salat, nirgends abends einen stärkeren Espresso zum Wiederwachwerden.

Zum Kiosk kann man zu jeder Zeit kommen. Der Kiosk strukturiert den Tag. Er ist ein fester und gemütlicher Aussichtsplatz aufs Leben, auch wenn er streng genommen auf einer Art Verkehrsinsel liegt. Bisweilen wird man daran erinnert durch quietschende Busse, Polizeisirenen oder hupwütige Auto-Autisten. Aber das ist ja der Sound von Tel Aviv, der immer dazugehört. Wer sich daran nicht stört, der sitzt auf der Verkehrsinsel wie auf einer Insel der Seligen.

4

Künstler und Lebenskünstler

»Habima« heißt der Platz, und Habima heißt Bühne. Der Name kommt vom wuchtig-weißen Nationaltheater, das hier seinen Sitz hat. Und gleich daneben gibt es noch einen zweiten Palast der schönen Künste: das Charles Bronfman Auditorium, die Spielstätte des Israel Philharmonic Orchestra. Die Hochkultur hat an diesem Ort also ihre Heimstatt gefunden. Doch die größte Bühne ist nicht im Theater und auch nicht im Konzerthaus. Die größte Bühne der Stadt ist der Platz selbst.

Er ist bevölkert von Künstlern und Lebenskünstlern, von Kindern und Alten, von Tel Avivern und Touristen. Fast ganzjährig sonnengeflutet, ist er ein

HABIMA SQUARE

Treffpunkt für all die, die keinen Garten haben und keinen Balkon. Für die, die nicht allein sein möchten. Und natürlich auch für die, die gesehen werden wollen auf dieser Bühne.

Das kommt der Idee recht nahe, die der Stadtplaner Patrick Geddes in den Zwanzigerjahren mit diesem zentralen Platz verbunden hatte, an dem die wichtigsten Straßen Tel Avivs ihren Anfang nehmen: die geschäftige Dizengoff Street und der elegante Rothschild Boulevard. Eine »moderne Akropolis« wollte Geddes schaffen, das »kulturelle Herz« der Stadt sollte hier schlagen. 1935 begannen die Bauarbeiten am Theater, aber erst 20 Jahre später folgte das Konzerthaus. Die junge Nation hatte zwischenzeitlich offenbar anderes zu tun, als sich um die Kultur zu kümmern. Der Platz verkam zum Parkplatz.

Erst zum 100-jährigen Stadtjubiläum 2009 wurde der Habima-Platz seiner ursprünglichen Bestimmung zugeführt. Theater und Konzertsaal wurden aufwändig renoviert. Zur verdienten Geltung kommt nun auch die von Menashe Kadishman gefertigte Skulptur mit den drei runden, rostigen Scheiben, die scheinbar schwerelos und weithin sichtbar den Platz dominieren.

Die Autos parken jetzt im Untergrund, und auf der Plaza pulsiert das Leben. Durchaus minimalistisch ist sie gestaltet, doch maximal wird sie genutzt. Im Zentrum steht der »versunkene Garten« mit seiner grellbunten Blumenpracht, den Mandelbäumchen und Kakteen. Umrahmt ist er von hölzernen Stufen, die als öffentliche Sitz- und Liegemöbel temporär bewohnt werden von Müttern mit ihren Babys, von Liebespaaren und von all jenen, die sich gern mal mitten am Tag der Länge nach ausstrecken. Ringsherum ist reichlich Platz für Fußball spielende Kinder, für Radfahrer und Skateboarder, für Akrobaten und Jongleure. Das Leben wird zum großen Theater – täglich neu auf dem Bühnenplatz.

Der alte Norden

Vitamine to go

Angefangen hat der ganze Schlamassel ja bekanntlich mit einem Apfel. Der Garten Eden, die Schlange, Eva – und dann dieser Adam, der einer leckeren Frucht einfach nicht widerstehen konnte. Die Menschheit hat dafür mit der Vertreibung aus dem Paradies gezahlt. Mosche Nuri, genannt Moskito, aber hat daraus eine Geschäftsidee entwickelt. Er veredelt frische Früchte zu Säften und Smoothies, und die sind wirklich paradiesisch lecker.

Vor 25 Jahren hat er seinen ersten Saftladen auf der Sheinkin Street eröffnet. »Es war der Erste in ganz Israel«, sagt er, »vorher gab es höchstens mal einen Orangen- oder Möhrensaft zusammen mit Zigaretten und an-

TAMARA
DIZENGOFF STREET 171
DURCHGEHEND GEÖFFNET VON SA 19 UHR
BIS FR 19 UHR

deren Dingen am Kiosk.« Inzwischen hat er Hunderte Nachahmer gefunden, die ganz auf Säfte setzen. Die Vitamin-Buden sind zu einem Markenzeichen der Stadt geworden. »Säfte sind für Tel Aviv, was Tapas für Barcelona sind«, meint Moskito Nuri.

Die schönste aller Saftbars steht weithin leuchtend an der Ecke Dizengoff Street und Ben Gurion Boulevard. Nuri hat ihr den Namen »Tamara« gegeben. In dicken Säcken hängen hier die Orangen vom Dach herunter, rote Äpfel füllen die Körbe, dazu gibt es Kisten voller Bananen, Melonen-Pyramiden, Papaya-Berge, Erdbeeren, Zitronen, Birnen und natürlich das ganze Gemüse von der Roten Bete über die Kohlrabi bis zum Spinat. Aus der Ferne sieht das aus wie die Gemälde des Altmeisters Giuseppe Arcimboldo – und nicht selten hat man genügend Zeit, das Ganze mit musealem Abstand zu betrachten, weil die Schlangen lang sind vor dem »Tamara«.

»Tonnenweise verarbeiten wir hier täglich Obst und Gemüse zu Saft«, sagt Moskito Nuri. Den Großteil kauft er direkt vom Bauern, das garantiert die Frische. Er hat das Talent, Trends früh zu erkennen oder selbst zu setzen. Superfood hat er als Erster in Tel Aviv eingeführt und seine Säfte und Smoothies mit Açaí, Goji-Beeren und Spirulina angereichert. »Der Trend geht immer mehr zu gesunden Dingen«, sagt er.

Die Sache mit dem ewigen Leben mag Adam einst mit dem Biss in den Apfel vermasselt haben. Mehr als ein wenig Lebensverlängerung ist heute auch mit den besten Säften nicht mehr rauszuholen. Doch ziemlich sicher zählen die von »Tamara« zu den größten Versuchungen jenseits von Eden.

6

DAN-BUS 5 BIS DIZENGOFF STREET/BEN GURION BOULEVARD

Kreplach und Kneidlach

»Ich versuche alles so zu machen, wie es schon meine Großmutter gemacht hat«, sagt Orna Raskin. »Die Leute mögen es nicht, wenn wir auf der Speisekarte etwas verändern.« Also gibt es hier im »Keton« Gefilte Fisch, gehackte Leber, Kreplach und Kneidlach und natürlich allerlei Innereien vom Magen bis zur Leber. Derb und deftig, auf dass es einem warm wird ums Herz, und alles so zubereitet, wie es schon die Bubbe gekocht hat, die alte jüdische Großmutter.

In der dritten Generation führt Orna Raskin das kleine Familienrestaurant. Die Großeltern Zvi und Sara Rosenberg waren einst aus Polen eingewandert und hatten auf der früh schon pulsieren-

KETON
DIZENGOFF STREET 145
TEL 03-523 3679
TÄGL. 11.30-21.30 UHR

den Dizengoff Street ihr Glück mit einem kleinen Stand für Wassermelonen und Eiscreme versucht. Mittags brachte Sara ihrem Zvi das Essen, und das sah wohl so gut aus, dass bald die Kunden eher danach verlangten als nach Melonen.

1945 wurde das »Keton« eröffnet, und der Name ist Programm. Keton heißt Kämmerlein, und so intim und gemütlich war es hier von Anfang an, dass es schnell zum Treffpunkt für Maler, Schreiber und Theaterleute avancierte. Die aufgetischte jüdisch-aschkenasische, also osteuropäische Küche half nicht nur gegen den Hunger, sondern auch gegen das Heimweh. »Das ist hier wie ein Zuhause«, sagt Orna

Raskin und zeigt auf die Wand, an der sich berühmte Gäste mit Dank- und Liebesbezeugungen verewigt haben.

Viele von ihnen haben allerdings inzwischen das Zeitliche gesegnet, und Orna Raskin erinnert sich daran, dass sie schon ihre Mutter gefragt hatte: »Was sollen wir machen, wenn die alten Gäste sterben?« Heute wird sie das von ihren Kindern gefragt, und ihre Antwort lautet: »Keine Sorge, das ist eine endlose Geschichte.« Trotz neumodischer Konkurrenz wachsen für die jüdische Küche die Gäste nach. Heimweh vererbt sich.

So finden sich an den Tischen neben der Stammkundschaft junge Paare und Familien mit Kindern. Dass jedoch selbst die besten Fischköpfe und die leckersten Kalbsfüße nicht jedermanns Geschmack treffen, lässt sich in diesen Internetforen nachlesen, von denen die alte Großmutter Sara noch keinen Schimmer hatte. »Wenn du es nicht gewohnt und damit aufgewachsen bist, magst du das Essen vielleicht nicht«, räumt Orna Raskin ein. Schließlich ist ihr Angebot weit entfernt von der in Tel Aviv boomenden Fusion-Küche – es ist eher ein Arme-Leute-Essen und mehr was für polnische Winter als für israelische Sommer.

Das »Keton« also ist ein Platz für Nostalgiker und Neugierige. Alles ist wie früher, und alles soll so bleiben. Jeder wird freundlich empfangen und zügig bedient. Ein Problem allerdings könnte es irgendwann werden, geeignete Kräfte für die Küche zu finden. Seit mehr als 30 Jahren schon steht derselbe Koch am Herd, ein Palästinenser aus Nablus. »Einen Besseren finde ich nie mehr«, sagt Orna Raskin, »er hat noch bei meiner Großmutter gelernt.«

7

DAN-BUSSE 4, 39, 104, 204 BIS READING TERMINAL

Es grünt

HAYARKON-PARK

TIPP

ZUR PARKERKUNDUNG KANN MAN SICH
DIE GRÜNEN STÄDTISCHEN FAHRRÄDER
AUSLEIHEN, DIE ÜBERALL IN DER
STADT STATIONEN HABEN. INFOS UNTER
WWW.TEL-O-FUN.CO.IL

Manchmal muss man sich vom Strand erholen. Dann braucht man was Grünes, frühlingsbunte Wiesen, schattige Bäume, in denen die Vögel zwitschern. Von Tel Aviv aus muss man dafür entweder ziemlich weit in den Norden fahren, nach Galiläa oder auf den Golan. Oder man schlendert, gern mit Badelatschen, einfach rüber zum Hayarkon-Park.

Den »Central Park« von Tel Aviv nennen ihn manche, denn wenn man sich hier überhaupt vergleicht, dann höchstens mit New York. Tatsächlich hat der Park beträchtliche Ausmaße, kilometerweit zieht er sich als grünes Band am Ufer des Yarkon-Flusses entlang. Rollerbladen und Joggen kann man hier, oder

einfach am schilfigen Flussufer ein Schläfchen halten. Am See lässt sich ein Boot ausleihen, ein Wasserpark lockt mit Riesenrutschen. Dazu gibt es noch ein Gehege für Rotwild und eines für Vögel, außerdem einen Felsen- und einen tropischen Garten.

Es ist wie Israel im Kleinen, und wer mit dem Rad unterwegs ist, und das sind viele, hat die Stadt schnell hinter sich gelassen. Dann eröffnen sich weite, fast englische Rasenflächen, die nicht mal am Wochenende so richtig voll werden. Doch wer hier ein Picknick plant oder grillen will, und auch das sind viele, der sollte Musik mögen. Zum Beispiel die des Nachbarn, der außer seiner Großfamilie noch Boxen mitgebracht hat, aus denen es rhythmisch dröhnt.

Am Flusslauf oder in den Auen aber findet sich immer noch ein ruhiger Platz. Langsam fließt das Wasser dahin, und langsam wird auch seine Qualität wieder besser. Der insgesamt 28 Kilometer lange Yarkon war einmal zur Abwasserrinne verkommen, doch die Rehabilitation hat begonnen. Inzwischen soll es sogar wieder Leben geben im Fluss. Zumindest glauben die Angler fest daran, die stoisch am Ufer stehen.

Nahe beim rot-weiß-grauen Schornstein des Reading-Kraftwerks fließt der Yarkon dann ins Mittelmeer. Dort ist der Park zu Ende – und der Strand beginnt.

Im Zentrum

8

DAN-BUS 4 BIS BEN YEHUDA/FRISHMAN STREET

Grüße an die Großmutter

CAFE MERSAND
FRISHMAN STREET 18
SO - DO 7.30-24 UHR, SA 10-24 UHR,
FR 7.30-20 UHR

TIPP

WER SICH WEITER IN DIE GESCHICHTE
DER JECKES VERTIEFEN WILL - UND EINEN
AUSFLUG IN DEN NORDEN NICHT SCHEUT -,
DER KANN DAS JECKES-MUSEUM IN TEFEN
BESUCHEN.
WWW.OMUSEUMS.ORG.IL/ENG/
MMT_YAKKES
DAS ERBE DER JECKES PFLEGT IN ISRAEL
EINE ORGANISATION NAMENS »IRGUN
JECKES«. WWW.IRGUN-JECKES.ORG

»Guten Morgen«, sagt die Kellnerin lächelnd und auf Deutsch, und nichts anderes ist hier zu erwarten. Denn wer ins Café Mersand kommt an der Ecke Frishman und Ben Yehuda Street, der taucht ab in die alte Welt der jüdischen Einwanderer aus Wien oder Berlin, in eine Welt mit Käse-, Marmor- und Streuselkuchen. »Einen Milchkaffee, bitte«, erwidert man also dankbar – und die Kellnerin versteht nur Bahnhof, wenn überhaupt. Die deutsche Begrüßung war nur eine freundliche Reminiszenz an untergegangene Zeiten. Dann eben doch auf Hebräisch: »Cafe Hafuch, bewakascha«.

Der Mythos rund ums Mersand wird gut und gern gepflegt. In

den Fünfzigerjahren war das Café nur einen Steinwurf vom Strand entfernt von dem deutschen Einwanderer Walter Mersand eröffnet worden. Fünf Jahrzehnte blieb es traditionsbewusst im Familienbesitz. Die große Straße, an der es liegt, hieß damals ganz selbstverständlich und auf Deutsch »Ben-Yehuda-Straße«. Denn ringsum lebten hier die Jeckes, die jüdischen Einwanderer aus dem deutschsprachigen Raum.

Die Vertriebenen und Überlebenden des Holocaust taten sich nicht immer leicht mit der neuen Umgebung, und die Umgebung tat sich nicht immer leicht mit ihnen. Die Bezeichnung als »Jecke« hatte eine durchaus spötti-

sche Konnotation, wahrscheinlich abgeleitet vom Wort »Jacke«. Die nämlich, so erzählt man sich, legten die überaus korrekten Neueinwanderer nicht einmal bei der härtesten orientalischen Hitze oder bei der Arbeit auf den Feldern ab. Deutsch eben, sehr zugeknöpft.

Irgendwann aber übernahmen die Jeckes den Spitznamen mit Stolz, und das Mersand blieb ihr Treffpunkt. Zum Mythos gehörten dann bald auch jene alten jeckischen Damen, die sich hier an jedem Morgen trafen, um über das Welt- und Fernsehgeschehen zu debattieren. Im Fernsehen sahen sie – dem Satelliten sei Dank – vor allem deutsche Sendungen, am liebsten »Wer wird

Millionär?«. Und irgendwann hörte Günther Jauch vom fernen Fanclub in Tel Aviv und kam tatsächlich eines Tages durch die Tür des Mersand spaziert.

An die Damen, jenen Club der hochbetagten »Mädels«, erinnert noch heute ein Foto an der Wand. In den vergangenen Jahren sind einige gestorben, andere ins Altenheim gezogen. Die Zeiten ändern sich, und die »Ben-Yehuda-Straße« ist heute eher eine »Rue«. Französische Einwanderer, die in größeren Wellen ins Land gekommen sind, haben hier feine Boulangeries eröffnet oder Immobilienagenturen, die dann »Terre Promise« heißen, Gelobtes Land.

Das Mersand aber ist immer noch einen Besuch wert, denn heute macht es die Mischung so besonders. Die alte Zeit wird gepflegt, die Inneneinrichtung ist weitgehend unverändert – mit diesen holzvertäfelten Wänden, den Tischchen im Stil der Fünfziger und den kunstlederbezogenen Hockern. Abends aber legt ein DJ auf, und im Café wird heftig gefeiert.

Wer zum Frühstück kommt, sitzt drinnen oder draußen auf der Terrasse im prallen Leben. Umringt von Familien mit Kindern und Hipstern mit Laptop, von Alten und Jungen, Einheimischen und Touristen. Und hinten in der Ecke, da sitzt tatsächlich noch eine alte, schöne Dame mit Dauerwelle. Feinen Goldschmuck hat sie angelegt, und beim Rausgehen streift sie sich ein Persianer-Jäckchen über. Man kann ihr einen »Guten Morgen« wünschen.

Kibbuz in der Stadt

»Weiße Stadt« wird Tel Aviv genannt wegen des einmaligen architektonischen Ensembles von insgesamt 4000 Bauhaus-Gebäuden. Von der UNESCO wird es als Weltkulturerbe geführt. Doch es ist ein schwieriges Erbe, weil der Erhalt mehr kostet, als die städtischen Kassen hergeben. Oft genug zeigt sich die Weiße Stadt daher ziemlich grau – selbst hier an diesem Ort namens »Hod«, der doch wirklich anderes verspricht: »Hod« nämlich heißt Glanz oder Pracht.
Etwas versteckt liegt diese Wohnanlage an der zum Strand hinunterführenden Frishman Street. Beste Wohngegend, und als die Häuser 1935 von Arieh Sharon gebaut wurden, war dies

HOD
FRISHMAN STREET 33

TIPP

DAS BAUHAUS CENTER AUF DER DIZENGOFF STREET 77 VERANSTALTET JEDEN FREITAG UM 10 UHR EINE ZWEISTÜNDIGE FÜHRUNG DURCH DIE »WEISSE STADT« (AUF ENGLISCH). DORT KÖNNEN AUCH AUDIO-SETS FÜR ERKUNDUNGEN AUF EIGENE FAUST AUSGELIEHEN WERDEN.
SA - DO 10-19.30 UHR, FR 10-14.30 UHR.
WWW.BAUHAUS-CENTER.COM

ist es nie geworden. So schön ist es hier von Anfang an gewesen, dass sich gleich die Funktionäre und Politiker der Arbeiterbewegung einrichteten und höchstens noch ein paar erfolgreiche Künstler zuließen.

In diesem Karree wohnte also die sozialistisch angehauchte Elite, und bis heute wird die Anlage als Genossenschaft geführt – nach kapitalistischen Grundsätzen allerdings. Wer eine Wohnung haben will, der muss sich zu marktüblichen Preisen einkaufen, was in Tel Aviv für eine solche Vier-Zimmer-Wohnung umgerechnet bis zu einer Million Euro bedeuten kann.

Geräumige Wohnungen in bester Lage bekommt man dafür, und das Bauhaus-Erbe wird gleich mitgeliefert. An den Fassaden hat sich zwar einiges verändert: Die Balkone sind oft zugebaut, um ein zusätzliches Zimmer zu gewinnen, die Fenster sind uneinheitlich mal aus Holz, mal sind es Sprossen, mal ist es milchiges Glas. Doch noch immer gruppiert sich das Leben rund um den Garten mit den hochaufragenden Bäumen und den leuchtenden Bougainvilleen herum. Im Schatten sitzen die Alten, auf einem Trampolin lärmen die Jungen. Draußen liegt die Stadt, hier drinnen lebt das Dorf.

ein Paukenschlag. Sharon, der später im Negev ganze Städte plante, hatte am Bauhaus in Dessau studiert und musste vor den Nazis fliehen. Beeinflusst worden war er in seinem Studium auch von sozialistischen Ideen, von Konzepten für sozialen Wohnungsbau und Arbeitersiedlungen. Hier in Tel Aviv, zu Zeiten des rasanten Aufbaus, konnte er diese Ideen verwirklichen.

Hufeisenförmig hat er die Anlage mit 124 Wohnungen um einen zentralen, großen Garten herum gebaut. Für die Bewohner gab es einen Lebensmittelladen und einen eigenen Kindergarten – es war wie ein Kibbuz mitten in der Stadt. Nur eine Arbeitersiedlung

10

DAN-BUSSE 18, 25, 82 BIS KING GEORGE/ZAMENHOF STREET

Der Falafel-Zauberer

Die angewandte Falafel-Forschung hat in Arik Rosenthal ihren profiliertesten Vertreter gefunden. Fast sein halbes Leben lang beschäftigt er sich schon mit den frittierten Kichererbsenkugeln, und als Fazit seiner Forschungsarbeiten sagt er nun von duftenden Dämpfen umhüllt: »Die Falafel ist die DNA des israelischen Essens. Jeder mag sie, und jeder kann sie sich leisten.«

»HaKosem«, der Zauberer, heißt der Imbiss von Arik Rosenthal, und nicht nur seiner eigenen Einschätzung nach gibt es hier die besten Falafel der Stadt, mindestens. »Auch wenn es nur Streetfood ist, behandele ich alles so, als wäre es ein Zwei-Sterne-Restaurant«, sagt er.

HAKOSEM
SHLOMO HAMELECH STREET 1
SO - DO 9.30-0.30 UHR,
FR 9.30-16.30 UHR

Sein zauberhaftes Rezept will er natürlich nicht verraten, nur so viel gibt er gerne preis: »Das beste Produkt gibt es nur mit den besten Zutaten.« Auf Frische legt er wert – »15 Mal am Tag wird neuer Teig angerührt« –, auf Sauberkeit sowieso. Alles blitzt und blinkt, alles liegt appetitlich in der Auslage, und die 15 Angestellten tragen adrette Kochuniformen. Das Auge isst ja bekanntlich mit.

Imbiss-Wirten wie Arik Rosenthal ist es zu verdanken, dass Tel Aviv weit weniger von den McBurgers aus Amerika überflutet worden ist als viele andere Metropolen. Sie haben der Falafel als Nationalgericht zu neuen Ehren verholfen. Kein Wunder also, dass heute in Israel viele der berühmten Sterne- und Fernsehköche mit eigenen Fastfood-Buden auf jenen Markt drängen, wo Rosenthal schon lange den Zauberstab hochhält.

Seinem Erfolg tut die wachsende Konkurrenz keinen Abbruch. Oft stehen die Gäste in langen Schlangen vor seiner Theke. Geduldig warten sie, bis sie an der Reihe sind und die Wahl haben, was neben der Falafel noch in ihre Pita kommt: Hummus sowieso, Tahini, na klar. Dazu Sauerkraut, Zwiebeln, Tomaten und/oder Petersiliensalat. Ein wenig Schärfe noch, ein bisschen Knoblauch. Fertig. »Macht 19 Schekel.«

Hinter der Theke steht Arik Rosenthal und setzt sein Personal ein wie ein Dirigent. Die Musik, die dazu aus den Lautsprechern dröhnt, stellt ein DJ eigens für ihn zusammen. Wahrscheinlich isst das Ohr hier auch mit.

11

Im Volkspark

DER GAN MEIR ERSTRECKT SICH
ZWISCHEN KING GEORGE STREET UND
TCHERNICHOVSKY STREET.

Mehr als 60 Prozent Israels sind von Wüste bedeckt, die urbanen Wüsteneien nicht mitgezählt. Asphalt und Beton haben auch in Tel Aviv viele Grünflächen versiegelt. Doch wie in jeder anständigen Wüste gibt es Oasen, und vor allem gibt es den »Gan Meir«. Mitten im Herzen der Stadt liegt er, und sicher hat sich mancher Investor hier noch ein weiteres Einkaufszentrum erträumt. Der Gan Meir aber, Meirs Garten, benannt nach Tel Avivs erstem Bürgermeister Meir Dizengoff, ist unantastbar. Hoffentlich. Denn einen besseren Ort für die kleine Pause zwischendurch gibt es weit und breit nicht.

Groß ist er nicht, brechend voll allerdings nur einmal im Jahr.

Dann nämlich steht der Gan Meir, in dem auch das städtische Schwulen- und Lesbenzentrum beheimatet ist, ganz im Zeichen des Regenbogens. Jedes Jahr im Juni startet hier die Gay Pride Parade, bis zu 200 000 Menschen nehmen daran teil. Der Park wird zur Partyzone, und die Bäume erbeben von den Bässen.

Ansonsten herrscht eher gemächliches Treiben, und jeder findet hier sein Plaisir. Die Hunde eingeschlossen, denn die Tel Aviver lieben Hunde. Deshalb hat man ihnen gleich neben dem Haupteingang ein sehr großzügiges sandiges Areal zugewiesen. Lebhaft geht es hier den ganzen Tag zu, mit Picknicktischen für Herrchen und Frauchen.

Den Kinderspielplatz haben die Planer an der gegenüberliegenden Seite platziert, auch er großzügig, auch er belebt, denn natürlich lieben die Tel Aviver Kinder. Zwischen diesen beiden Polen verläuft die Parkallee. Ein Teich findet sich hier, in dem Goldfische ruhig ihre Runden drehen. Ringsherum liegen die schon früh im Jahr von der Sonne versengten Freiflächen. Ehrgeizige Väter praktizieren hier gern fußballerische Früherziehung. Auf den Bänken sitzen die Senioren, die von ihren asiatischen Pflegern ausgeführt werden. Und daneben die Jungen, die sich um eine Wasserpfeife gruppieren. In diesem Park ist für jeden Platz.

DAN-BUSSE 18, 25, 61, 82 BIS JABOTINSKY HOUSE/KING GEORGE STREET

Das Erbe der Vertriebenen

ANTIQUARIAT POLLAK
KING GEORGE STREET 36
SO - FR 9-14 UHR, DI AUCH
16-19 UHR. FÜR »DRINGENDE FÄLLE«
VON BÜCHERSUCHT HÄNGT EINE
TELEFONNUMMER AN DER LADENTÜR:
054-4221522.

Ein paar Kostbarkeiten liegen bereits im Schaufenster parat: *Japanische Dichtungen* von Karl Florenz, ein edler, wenngleich zerfledderter Druck; daneben das *Palästina Bilder-Buch* sowie *Gesang an Palästina* von Hermann Struck, Berlin 1922, eine von 200 Kopien nur, nummeriert und unterzeichnet vom Illustrator Struck höchstselbst. Drinnen im Laden stapeln sich die Bücher bis unter die Decke, stapeln sich auf dem Fußboden und vor dem Schreibtisch, an dem Cornel Pollak im braunen Ledersessel sitzt. Wie die Werke scheint auch der Mann aus einer anderen Zeit zu stammen. Draußen am Schaufenster zur King George Street hin prangt ein Aufkleber, der ihn

als Mitglied im »Verband deutscher Antiquare« ausweist.

»Wir sind schon sehr lange auf deutsche Bücher spezialisiert«, sagt Pollak. Das Geschäft wurde von Großvater Mosche Pollak bereits 1899 gegründet – damals allerdings noch in Bukarest. 1959 gelang die Auswanderung nach Israel, seither residiert das Antiquariat Pollak im Zentrum von Tel Aviv. Geöffnet ist immer morgens – und »nach Vereinbarung«. Fürs Geschäft steht Cornel Pollak stets zur Verfügung. Die 20 Quadratmeter seines Ladens sind es, die ihm und manchem Stammkunden die Welt bedeuten. »Die Bücher, das ist schon eine Liebe«, sinniert er. Wie viele er da-

von hat, das kann er nicht sagen: »Ich will es gar nicht wissen.« Neben deutschen Büchern hat er hebräische, englische, französische und lateinische Schriften im Sortiment. »Diese Sprachen beherrsche ich alle«, erklärt er, »das ist ein Muss für einen jüdischen Intellektuellen.«

Zugekauft wird ständig, übers Internet auf der ganzen Welt. Es sind die Nachlässe von jenen, die bei der Flucht vor den Nazis ihre Bibliotheken hatten retten können. »Früher haben wir vom Besitzer gekauft, heute kaufen wir von der dritten oder vierten Generation«, sagt Pollak. Tausende Geschichten kann er erzählen – vom amerikanischen Milliardär zum Beispiel, der gleich die ganze Schaufensterauslage kaufte; vom Kunden, der wie ein Penner aussah und den sündteuren Einkauf in seinem Privatflugzeug abtransportierte.

Doch interessanter noch als der Verkauf ist für ihn die Suche nach seltenen Büchern: »Es ist oft Detektivarbeit, und man braucht dazu Erfahrung und eine gewisse Kultur.« Den 70. Geburtstag hat er längst hinter sich, doch wenn man nach dem Ruhestand fragt, lacht er und zitiert Warren Buffet: »Ja, aber erst fünf Jahre nach meinem Tod.«

13

Dicht am Dichter

BIALIK HOUSE
BIALIK STREET 22
MO – DO 9-17 UHR, FR UND SA 10-14 UHR
EINTRITT: ERWACHSENE 20 SCHEKEL,
KINDER (AB 6 JAHRE) UND JUGENDLICHE
10 SCHEKEL

TIPP

IM FELICJA BLUMENTAL MUSIC CENTER
IN DER BIALIK STREET 26 FINDEN
REGELMÄSSIG KONZERTE JUNGER
MUSIKER STATT.
WWW.FBMC.CO.IL

Hier entlang ist er flaniert, hier hat er seinen Gedanken nachgegangen und geschrieben. Mittendrin und doch fernab vom Lärm der Stadt liegt eine kleine Straße mit schmuck renovierten Häusern im Bauhaus- oder Art-déco-Stil. In den Vorgärten wuchern bunte Blumen, Palmen recken sich in den blauen Himmel. Auf dem heimeligen Platz am Ende der Straße, direkt vor dem Beit Ha'ir, dem alten Rathaus, plätschert ein Springbrunnen. Goldfische schwimmen im Teich. Fast wirkt es heute noch so wie in der Zeit jenes großen Mannes, dessen Namen diese Straße trägt: Chaim Nachman Bialik.
Bialik wird in Israel als National-dichter verehrt, jedes Kind lernt

und Namen hatten im kulturellen Leben dieser Stadt. Heute ist es ein Museum, das Bialiks Andenken pflegt und den Geist jener Aufbruchtage lebendig hält.

Als bronzene Büste empfängt der Hausherr die Besucher am Eingang und weist den Weg zum Salon, in dem er damals Hof hielt. Die Möbel sind original erhalten, die fein ornamentierten Kacheln an den Säulen konserviert – ein bewusster Stilmix aus Ost und West, aus Orient und Okzident, den beiden Welten Bialiks. Im oberen Geschoss dann die Bibliothek mit reichlich zerfledderten Büchern auf Hebräisch, Russisch, Deutsch und Jiddisch. Daneben liegt das Arbeitszimmer, in dem er über Jahre zusammen mit seinem Freund Yehoshua Hana Ravnitzky über jenem Werk brütete, das bis heute Pflichtlektüre ist im jüdischen Staat: *Sefer Ha Aggadah*, eine Sammlung von Legenden aus dem Talmud und aus rabbinischer Literatur.

Nach dem Rundgang lädt draußen auf dem Platz der Springbrunnen mit den Goldfischen zu einer Rast. Anderswo mögen die Autos hupen und die allfälligen Baustellen ihren Lärm verbreiten. Hier zwitschern die Vögel und erinnern an Bialiks Sehnsucht nach diesem »warmen, schönen Land«.

in der Schule seine Gedichte und liest seine Geschichten. Die literarische Renaissance der hebräischen Sprache war seine Leidenschaft, der Zionismus seine Mission. Von seiner Sehnsucht »nach dem warmen, schönen Land« schrieb er schon in seinem ersten, 1891 veröffentlichten Gedicht »Ha Zipor«, der Vogel.

Geboren wurde er 1873 in der heutigen Ukraine, und als er 1924 nach einem mehrjährigen Aufenthalt in Deutschland ins Gelobte Land übersiedelte und sich in Tel Aviv niederließ, da war er bereits so berühmt, dass die Straße, in der er sein Haus baute, nach ihm benannt wurde. Dieses Haus wurde schnell zum Treffpunkt all jener, die Rang

Geschichte in Schwarz-Weiß

THE PHOTOHOUSE
TCHERNIKOVSKY STREET 5
SO – DO 10-18 UHR, FR 10-14.30 UHR
HTTP://WWW.THEPHOTOHOUSE.CO.IL/

TIPP

DER VIELFACH PREISGEKRÖNTE DOKUMENTARFILM *LIFE IN STILLS* VON TAMAR TAL AUS DEM JAHR 2005 ZEIGT DEN KAMPF VON MIRIAM WEISSENSTEIN UND IHREM ENKEL BEN ZUR RETTUNG DES »PHOTOHOUSE«

»Wenn du den Laden betrittst, dann kannst du es riechen«, sagt Ben Weissenstein. »Es ist ein besonderer Duft, der von den Negativen ausgeht.« Diese Negative sind das Erbe, das Ben Weissenstein von seinem Großvater bekommen hat – von Rudi Weissenstein, dem Jahrhundert-Fotografen, dem Chronisten Israels, der all die einmaligen Bilder geschossen hat vom jungen Staat und seiner stürmischen Entwicklung.

Ben Weissenstein ist ein begeisterter Nachlassverwalter. »Für mich ist das hier wie ein Spielplatz«, erklärt er, »jeden Tag finde ich etwas Neues, was mich fasziniert.« Die bekanntesten Fundstücke hängen in Schwarz-

Weiß an der Wand in seinem »Photohouse«, das die alten Schätze der neuen Generation zugänglich macht. Vorneweg natürlich jenes Bild, das Eingang in die Geschichtsbücher gefunden hat: Es zeigt David Ben Gurion, wie er am 14. Mai 1948 unter einem Porträt von Theodor Herzl stehend die Gründung des Staates Israel proklamiert.

Rudi Weissenstein, der 1936 mit wenig mehr als einer Kamera aus seiner böhmischen Heimat gekommen ist, war damals bei der Zeremonie als einziger Fotograf zugelassen. Nervös war er und so bewegt, dass er hinterher ganz vergessen haben soll, die feiernde Menge abzulichten.

Das ist allerding nur eine kleine Lücke im Fundus von insgesamt einer Million Negativen, die er bei seinem Tod 1992 hinterlassen hat. Er hat in seinen Bildern das Lebensgefühl eines ganzen Landes eingefangen – am überfüllten Strand von Tel Aviv oder in den Weiten der Wüste, bei den Landarbeiterinnen im Kibbuz oder den Betenden an der Klagemauer.

Das Fotogeschäft hatte Rudi Weissenstein schon 1936 auf der Allenby Street eröffnet, seine Witwe Miriam hat es bis zu ihrem Tod 2011 weitergeführt. Nach einem Dreivierteljahrhundert aber musste das Geschäft samt Archiv umsiedeln, das Haus wurde abgerissen. Doch Ben Weissenstein hat alles darangesetzt, die Atmosphäre auch am neuen Standort zu erhalten. Die alten Möbel hat er mitgenommen, die Kunden können es sich darin bequem machen, wenn sie in den unzähligen schwarzen Foto-Ordnern stöbern, die hinter der Ladentheke aufgereiht sind.

Vor allem aber vermarktet er die alten Schätze jetzt mit modernen Merchandising-Methoden. Fotobücher, Postkarten und Poster verkauft er, Sticker, Magnetkarten und Untersetzer – alles mit den Bildern, die der Großvater gemacht hat. »So halte ich das Geschäft in der dritten Generation am Leben«, sagt er. Leicht ist das allerdings nicht, denn für die Laufkundschaft und die Touristen liegt der Laden etwas zu abgelegen in einer Seitenstraße. Deshalb hat Ben Weissenstein einen Plan gefasst: Er will zurück an den alten Standort, da, wo alles angefangen hat in der Allenby Street 30. Jetzt muss nur noch der Neubau endlich fertig werden, der an der Stelle des alten Hauses entsteht. Dann kann Ben Weissenstein dort wieder zeigen, wie schön es damals war in jenem Tel Aviv, das Stück für Stück verschwindet – das der Großvater aber in seinen Fotos für die Ewigkeit festgehalten hat.

Die Stille der Steine

Paris hat den Père Lachaise, wo die Hippies am Grab von Jim Morrison kiffen. Jerusalem hat den Nationalfriedhof auf dem Herzlberg, wo den Helden gehuldigt wird. Und Tel Aviv, die Metropole der Lebenslust, hat den alten Trumpeldor-Friedhof. Hier haben all jene ihre letzte Ruhestätte, die den ewig lauten Straßen der Stadt ihre Namen gegeben haben: die Gründerväter wie Dizengoff, die Zionisten wie Arlozorov und die Kulturgrößen wie Bialik und Max Brod. Es ist ein Ort der Stille.

Durch ein Eisentor betritt man den ringsum von einer Mauer umgebenen Friedhof. Dicht an dicht liegen hier 5000 Grabstätten. Wenig Grün gibt es, statt

TRUMPELDOR-FRIEDHOF
TRUMPELDOR STREET 18
IM SOMMER SO - DO 6.30-19 UHR,
FR 6.30-14 UHR
IM WINTER SO - DO 6.30-17 UHR,
FR 6.30-14 UHR

Blumen legen die Juden einem antiken Ritus folgend Steine aufs Grab. Manche der Grabplatten sind verwittert, andere leuchten noch in hellem Marmor. Wer kein Hebräisch liest, wird Halt suchen an den Bildern, die einige Grabsteine zieren. Kleine Kinder sind da zu sehen, schöne Frauen, ernste Männer.

Hinter dem Gräberfeld türmen sich heute Häuser auf, mit Fenstern zum Friedhof und Mobilfunkantennen, die steil in den Himmel weisen. Doch als die Ersten hier begraben wurden anno 1902, da lag das Areal noch im sandigen Nirgendwo. In Jaffa wütete zu dieser Zeit die Cholera, und die osmanischen Herrscher bestanden darauf, dass keine Seuchentoten innerhalb der Stadtgrenzen bestattet wurden. So fand man diesen Platz in den Dünen, und mancher Trauerzug, so wird berichtet, soll sich auf dem Weg dorthin heillos verlaufen haben.

1932 schon war der Friedhof voll und wurde geschlossen. Heute werden die Toten von Tel Aviv der Platznot folgend in mehrstöckigen Gräberbauten am Stadtrand beerdigt. Allein der Yarkon-Friedhof hat mehr als 100 000 Grabplätze und soll auf 250 000 ausgebaut werden. Im Judentum sind Gräber für die Ewigkeit angelegt.

Wer aber nach dem Ableben nicht im Hochhaus enden will, der muss schon enorm prominent sein oder sich das einiges kosten lassen. Der offiziellen Schließung zum Trotz gibt es nämlich immer noch Beerdigungen auf dem Trumpeldor-Friedhof, allerdings im Durchschnitt nur einmal im Jahr. Der Industrielle Sammy Ofer zum Beispiel, dessen Familie als reichste in Israel gilt, hatte sich lange vor seinem Tod 2011 einen Platz gesichert. Und auch Arik Einstein liegt hier seit 2013 begraben, der Sänger und Liedermacher, der in Israel von allen Altersgruppen verehrt wird. Sein Grab an der südwestlichen Mauer ist leicht zu finden. Nicht weil es eine überlaufene Pilgerstätte wäre wie Jim Morrisons Grab in Paris – sondern weil der Grabstein mit einem Fan-Schal des von Arik Einstein geliebten Fußballclubs Hapoel Tel Aviv geschmückt ist.

Tempel des Konsums

DAS SARONA-VIERTEL LIEGT ZWISCHEN
KAPLAN UND HA ARBAA STREET.

DAS »SARONA VISITOR CENTER« IST
GEÖFFNET SO, MO, DI UND DO 9-17 UHR,
MI 10-18 UHR UND FR 10-14 UHR.
EINTRITT FREI. ES KÖNNEN AUCH
TOUREN IN ENGLISCH ODER DEUTSCH
GEBUCHT WERDEN.
ENG.SHIMUR.ORG/SARONA

Die Templer waren fromme Christenmenschen. Von Württemberg aus haben sie sich aufgemacht ins Heilige Land, um hier ein gottgefälliges Leben zu führen. Häusle bauen, Felder bestellen und beten natürlich, das war ihr Programm. Ganz gewiss werden sie befolgt haben, was der Herr ihnen aufgetragen hat: »Ihr könnt nicht Gott dienen und dem Mammon«, heißt es im Matthäus-Evangelium. Und dann das!

Die einst von den Templern erbauten Häuser dienen heute als Tempel des Konsums, in ihren Gärten wird fleißig ums Goldene Kalb getanzt. An sieben Tagen die Woche, den heiligen Sabbat eingeschlossen, wird hier spa-

ziert, gespeist und geshoppt – auf Teufel komm raus, würden wohl die Vorväter sagen.

Wie gigantische Zinnen einer Stadtmauer umrahmen Hochhäuser das historische Idyll. Außen betonstählerne Postmoderne, innen die Beschaulichkeit eines deutschen Dorfs mit Giebeln und Ziegeldächern – aus diesem Gegensatz bezieht das Sarona-Viertel seinen Reiz. Weil man in Israel Unternehmungen aller Art gern im erweiterten Familien- oder Freundeskreis angeht, hat auch niemand etwas dagegen, hier auf andere Großgruppen zu treffen. Wo es voll ist, muss es gut sein, denn so viele Leute können sich nicht irren.

Tatsächlich sind die 37 vor dem Abriss geretteten und liebevoll sanierten Templerhäuser von Sarona eine Attraktion. Sie eröffnen den Blick auf ein fast vergessenes Kapitel der Geschichte, das 1871 mit der Ankunft der Templer begann. Fast 40 Jahre vor der Gründung Tel Avivs ließen sie sich hier nieder, lebten von der Landwirtschaft, dem Weinbau und ihrer Handwerkskunst. Sie kultivierten ihr deutsches Leben im Orient bis hin zur Kegelbahn – und leider weit darüber hinaus. Nach 1933 zeigten sie sich als stramme Nazis. Das rächte sich bei Kriegsbeginn 1939, als die meisten von ihnen von den Briten zunächst interniert und dann nach Australien deportiert wurden.

So endete die kurze Templer-Periode in Israel. Es blieb allein ihr steinernes Erbe in Tel Aviv sowie in Jerusalem und in Haifa zurück. In Sarona, so ist es im dortigen Besucherzentrum zu sehen, übernahm bald schon die israelische Armee die Häuser. Im früheren Weinkeller wurden die ersten Flugzeuge der Luftwaffe zusammengeschweißt, sogar der Premierminister hatte hier anfangs seinen Amtssitz und der mythenumrankte Auslandsgeheimdienst Mossad seine erste Zentrale.

Bis heute liegen auf der gegenüberliegenden Straßenseite hinter hohen Zäunen das Verteidigungsministerium und das Hauptquartier der Armee. In dem 2013 eröffneten Ausgehviertel dagegen sind höchstens die Plätze in den Cafés und Restaurants umkämpft, und friedlich gestürmt wird allein die Markthalle mit ihren fast 100 Schlemmergeschäften. Hier gibt es alles von Sekt bis Sushi, von Pasta bis Pastrami. Sogar das deutsche Erbe wird gepflegt – mit Bier, Bratwürsten und natürlich Sauerkraut.

Rund um den
Carmel Market

Kaffee und Kantaten

CAFE COHEN
YISHKON STREET 32
MO – DO 9-15 UHR, FR 9-14.30 UHR

TIPP

BEI »AMRANI« AUF DEM CARMEL MARKET GIBT ES DIE BESTEN NÜSSE, DATTELN UND TROCKENFRÜCHTE, DAZU OLIVENÖL, HONIG UND TAHINI. HACARMEL STREET 15

Die Arme ausgebreitet, die Augen geschlossen, ein entrücktes Lächeln: So steht Shlomo Cohen hinter der Ladentheke. Der Pullover ist leicht angebräunt vom morgendlichen Werk – beste Bohnen waren zu rösten aus Kolumbien und Costa Rica, von der Elfenbeinküste und aus Vietnam –, und zum Kaffee serviert der Chef nun persönlich die Kantaten.

»Wenn ich singe, bin ich glücklich«, sagt Shlomo Cohen. Und weil man das Glück bekanntlich verdoppelt, wenn man es teilt, lädt er an jedem Freitag um 13 Uhr in seinem traditionsreichen Kaffee-Geschäft zum Konzert. Hinten, neben der alten Röstmaschine, steht dann

ein kugelrunder Keyboarder zur Begleitung bereit. Und vorn wird das kleine Ladenlokal zur großen Bühne.

Auf den Korb- und Plastikstühlen versammelt sich das Publikum: ein paar alte Freunde, ein paar ewig junge Freundinnen und flanierendes Fußvolk vom Markt. Wer hier vorbeikommt, der bleibt stehen. Denn Shlomo Cohens dezibelstarker Bariton füllt nicht nur den Laden, sondern auch die umliegenden Gassen. Ja, spielend übertönt er sogar die Motorroller, die draußen vorbeidonnern.

Zum Repertoire gehören israelische Volksweisen, spanische Arien und italienische Liebeslieder. Schon beim ersten Song wird mitgeklatscht, beim zweiten mitgesungen, und beim dritten trauen sich die Ersten auf die Tanzfliesen. Gern überlässt Shlomo Cohen das Mikrofon auch jedem Gast, der sich berufen fühlt. Wichtiger als eine gute Stimme ist dabei die gute Stimmung.

Shlomo Cohen hat sich hier einen doppelten Traum erfüllt – mit dem Café und mit den Konzerten. 1947 ist er in der kleinen Wohnung über dem Laden zur Welt gekommen. 30 Jahre lang hat er als Lehrer gearbeitet, bis er nach seiner Pensionierung die Kaffee-Rösterei übernahm, die einst sein Großvater gegründet hat. Was er in jahrelangen Gesangsstunden gelernt hat, kommt hier nun zur Aufführung.

Mit seinen Liedern hat Shlomo Cohen noch jeden erfreut. Doch am meisten Spaß, das gibt er gern zu, hat er selbst dabei. Zum Abschluss des Konzerts kommt dann der Klassiker. Frank Sina- tra hat das schon gesungen, und auch Sid Vicious von den Sex Pistols. Shlomo Cohen liegt irgendwo dazwischen, aber ganz bestimmt richtig: »I did it my way.«

18

DAN-BUSSE 25, 72 BIS HACARMEL MARKET/ALLENBY STREET

Eis-Kunst-Sitzen

Die Tel Aviver sind Helden der Hitze. Zu diesem Heldentum allerdings sind sie nicht geboren, sondern gezwungen – vom Klima in den Sommermonaten. Wenn es im Juli und August so heiß ist, dass fast das Wasser im Meer zu brodeln beginnt, dann hat man im urbanen Brutkasten eigentlich nur noch zwei Möglichkeiten: Man kann sich unter einer Klimaanlage verschanzen. Oder man kann mit letzter Kraft zur Eis-Kunst laufen und dort gemütlich im Schatten sitzen.
»Arte« heißt die Eisdiele in der kleinen Fußgängerzone neben dem Carmel Market, und sie trägt den Namen aus vielerlei Gründen zu Recht. »Inspiriert hat uns dazu Leonardo da Vinci«,

ARTE GLIDERIA
NAHALAT BINYAMIN 11
TÄGL. 11-23 UHR
WWW.ARTEGLIDERIA.COM

sagt Stefania Pagani, die das Geschäft gemeinsam mit ihrem Mann Marco Camorali führt. Da Vincis berühmte Zeichnung zum »vitruvianischen Menschen«, zu den Körperproportionen und zur Balance, dient dem Eissalon als Logo. »Wir suchen ja auch ständig die Balance bei den Zutaten«, erklärt Stefania Pagani, »damit das Eis nicht zu weich und nicht zu hart und nicht zu süß wird.« Zur Kunst der Eisbereitung zählt die Verwendung natürlicher Stoffe. Lebensmittelfarben, chemische Zusätze und vorgefertigte Zutaten kommen hier nicht in die Eistüte. Ehrliches Fruchteis gibt es (Mango nicht verpassen!),

cremiges Milcheis (Pistachio ist ein Muss!) und dazu dezente Mischungen (Schoko-Orange ist unwiderstehlich!). Zum Eis wird dann auch noch Kunst gereicht: An den Wänden wechseln sich Foto- und Gemäldeausstellungen ab. Jeden Donnerstag von 20 bis 22.30 Uhr gibt es draußen auf der Straße ein Konzert mit dem »Arte Jazz Ensemble«. Manchmal bringt einer ein Klavier auf Rädern mit, manchmal ist eine Sängerin dabei, immer haben alle Spaß.

Lebenskünstler sind die beiden Geschäftsinhaber überdies. Beide stammen aus Mailand, Stefania ist ein paar Jahre lang in Deutschland zur Schule gegangen. Lange Zeit haben sie in den Tropen als Tauchlehrer gearbeitet, bevor sie ins ewige Eis wechselten. Erst gingen sie in der Toskana bei einem Gelati-Meister in die Lehre, dann haben sie in Sizilien die Granita-Zubereitung studiert, bevor sie sich in Tel Aviv niedergelassen und 2015 ihren Eissalon eröffnet haben. Ständig experimentieren sie mit neuen Zutaten, mit Früchten und Nüssen, mit Gurken und Rosen, mit Gin und Calvados. »Im Moment arbeiten wir an einem Geschmack mit Avocado«, verrät Stefania, »wir müssen noch entscheiden, ob wir das vegan machen.«

19

Der Mythos stirbt zuletzt

Es war die Zeit der Pudel-Frisuren, und in Tel Aviv feierte eine Mädchenband namens »Mango« Erfolge mit einer hämmernden Hymne: »Gara Be'Sheinkin«. Übersetzt heißt das: »Sie wohnt auf der Sheinkin« – es geht ums Kaffeetrinken, ums lässige Leben und so weiter. In den späten Achtzigern war das ein Hit, seitdem ist die Straße ein Mythos. »Ein schönes Lied«, sagt Avi Levy.

Er wohnt zwar nicht auf der Sheinkin, aber er gehört zu dieser Straße. 1974 hat er hier in der Hausnummer 55 einen Obst- und Gemüseladen eröffnet, seither beobachtet er den Wandel draußen vor seiner Tür. Wie im Kino, nur in Echtzeit, mehr als

SHEINKIN STREET

TIPP

IM »SICH-CAFÉ« BIETET DER WIRT SHARLO COHEN NICHT NUR HERVORRAGENDEN KAFFEE AN, SONDERN AUCH RUHE. HIER DUDELT KEINE MUSIK AUS DEN BOXEN, NICHT MAL DER SHEINKIN-SONG. DAFÜR LIEGEN ZEITUNGEN UND BÜCHER AUS. SHEINKIN STREET 50, SO – FR 8–21 UHR

40 Jahre lang. Wenn man ihn fragt, wie das früher hier war, dann schnürt er die Lippen, macht ein Kussgeräusch und sagt:»Wie Honig.«
Am Anfang war die Sheinkin die Heimat der kleinen Leute und Handwerker. Uhrmacher und Hutmacher gab es hier, Schuster und Schneider, und Avi Levy natürlich.»Alles war ganz familiär«, erinnert er sich. Auf den alten Fotos sieht es eher grau aus und recht runtergekommen. Dann zogen die Künstler her und die, die Künstler sein oder werden wollten, und alles wurde bunt. Die Sheinkin war plötzlich mehr als eine Straße im Zentrum Tel Avivs – sie war ein Lebensgefühl. Junge Modedesigner eröffneten hier ihre Läden, im Restaurant»Orna and Ella« wurde die Küche revolutioniert, und die »Mango«-Mädchen sangen den Sheinkin-Song.
Der Text dazu stammte von einem jungen Mann namens Yair Lapid, der später ein bekannter Journalist wurde, dann zum israelischen Finanzminister mutierte, und demnächst will er Premierminister werden. Die Zeiten ändern sich, die Menschen ebenfalls – kein Wunder also, dass sich auch die Straßen wandeln. So ist vom alten Mythos der Sheinkin tatsächlich wenig geblieben, auf Avantgarde folgt meist der Mainstream. Coffee-to-go-Buden und Billig-Boutiquen prägen heute das Bild, auf den ersten Blick zumindest. Es gibt Tattoo-Schuppen und Maniküre-Studios, Makler haben sich eingenistet, und Immobilien-Haie sind in den Häuserkampf gezogen.

Doch die Sheinkin hat einen zweiten Blick verdient. Denn diese Straße ist nicht kleinzukriegen, das Alte überlebt in Nischen, und ständig erfindet sie sich neu.
Die, die hier noch wohnen – Gara Be'Sheinkin –, finden zwischen den kurzlebigen Boutiquen alles auf ihrer Straße, was sie zum Leben brauchen: die fast schon antike Apotheke an der Ecke, den bis unter die Decke vollgestellten »Tambour« für Schrauben, Pinsel und sonstigen Handwerkerbedarf, Kurzwaren und Kunsthandwerk, und, ganz klar, Obst und Gemüse bei Avi Levy.
Der meint zwar mittlerweile, es sei »furchtbar« hier, er trauert den alten Zeiten nach. Doch bis auf weiteres schließt er täglich außer am Sabbat den Laden auf und sieht dem Treiben zu vor seiner Tür. Ab und zu besucht ihn sein Enkelsohn, zehn Jahre ist er alt – und wenn er groß ist, so erzählt Avi Levy lachend, dann will er den Laden übernehmen. Das Leben geht immer weiter auf der Sheinkin.

Neve Tzedek

Am Jungbrunnen

NAHUM GUTMANS MOSAIKBRUNNEN
ROTHSCHILD BOULEVARD 3

MO – DO 10-16 UHR,
FR 10-14 UHR, SA 10-15 UHR
EINTRITT: 24 SCHEKEL, SENIOREN
12 SCHEKEL, BIS 18 JAHRE FREI
WWW.GUTMANMUSEUM.CO.IL/EN

TIPP

WER SICH INTENSIVER MIT GUTMANS
WERK BESCHÄFTIGEN WILL, FINDET IM
ERDGESCHOSS DES NAHE GELEGENEN
SHALOM TOWER EIN WEITERES
WANDMOSAIK. VOR ALLEM ABER WARTET
EIN PAAR STRASSEN WEITER DAS »GUTMAN
MUSEUM«. DORT WERDEN SEINE BILDER
UND BÜCHER ZUSAMMEN MIT WECHSELNDEN
AUSSTELLUNGEN ZEITGENÖSSISCHER
ISRAELISCHER KÜNSTLER GEZEIGT.
SHIMON ROKACH STREET 21

Es ist ungewöhnlich, einem Kunstwerk mit dem Hintern zu huldigen. Aber weil in Tel Aviv grundsätzlich alles möglich ist, finden sich auch dafür genügend Anhänger: Breit und platt sitzen sie auf Nahum Gutmans Meisterwerk, im Schneidersitz oder mit ausgestreckten Füßen. Sie stören sich nicht mal daran, dass es an manchen Stellen ganz schön piksen kann. Kunst muss ja manchmal wehtun.

Das gern für die Mittagspause oder eine Zigarette zwischendurch genutzte Kunstwerk ist ein Brunnen-Mosaik mit breitem Rand, das steinchenreich die Geschichte der Stadt erzählt. Tel Aviv ist Heimat und Inspiration des Malers Nahum Gutman gewesen. Hier wird er verehrt und vermisst, seit er 1980 im Alter von 82 Jahren gestorben ist. In den Jahren davor hat er seiner geliebten Metropole dieses beruhigend plätschernde Denkmal gesetzt.

In allen Facetten schildert er auf dem Brunnenrand und auf drei in der Brunnenmitte aufragenden Stelen einzelne Episoden zur Stadtgeschichte von den biblischen Zeiten im alten Jaffa bis zur israelischen Staatsgründung 1948. Da wird der Prophet Jona im Meer vor Jaffa über Bord geworfen, ein Stück weiter landen die Kreuzfahrer an der Küste, und schließlich schlendern Bohemiens über die neuen Boulevards.

Der Brunnen ist ein gutes Beispiel für den von Nahum Gutman geprägten »Eretz-Israel-Stil«. Schon beim Studium an der Jerusalemer Bezalel-Kunstakademie hatte er gegen seine Lehrer und deren europäische Maltraditionen rebelliert – und einen Stil entwickelt, der sich auf Landschaft, Licht und Leute des Gelobten Landes konzentrierte. Er setzte auf helle und kräftige Farben, vermischte orientalische mit europäischen Einflüssen, vermittelte Aufbruch und Optimismus. Tausende Gemälde hat er hinterlassen. Erfolgreich war er zudem als Bildhauer, Illustrator und vor allem auch als Verfasser von Kinderbüchern.

Der in den Siebzigerjahren von der Stadt in Auftrag gegebene Brunnen stand zunächst 32 Jahre lang auf dem Bialik-Platz vor dem alten Rathaus. Witterungsbedingt wurde schließlich eine Restaurierung fällig. Anschließend fand er dann seine neue Heimat vor dem gläsernen Hochhausturm am Eingang zum Neve-Tzedek-Viertel. Viel belebter ist es hier als am Ursprungsort, viel mehr meist junge Passanten lassen sich hier verleiten zu einer kleinen Rast am Brunnenrand. Und Nahum Gutman schaut ihnen dabei zu. Der Künstler hat sich nämlich auf der dritten Stele in einem Selbstporträt verewigt, links unten in Blau.

21

Schlag auf Schlag

Klack, klack, klack – das ist der Rhythmus von Tel Aviv. Es ist das Geräusch von harten Gummibällen, die auf Holz- oder Fiberglasschläger prallen. Es ist der Sound des Matkot-Spiels. Matkot ist Israels inoffizieller Nationalsport, und nur von Unwissenden wird das mit Strandtennis verglichen. Bei Letzterem dienen die runden Schläger dem puren Spaß, Matkot dagegen wird am Strand von Tel Aviv als eine Art Fortsetzung des Militärdienstes mit friedlichen Freizeitmitteln betrieben. In Hundertschaften treten die Spieler an, um über Stunden in sengender Hitze ihre Kräfte zu messen. Für die meisten ist das ein forderndes Fitness-Programm, für man-

MATKOT MUSEUM
SHABAZI STREET 61

TIPPS

DIE SHABAZI STREET LÄDT ZUM BUMMELN UND ZUM SHOPPEN EIN. HIER GIBT ES GEWISS DIE HÖCHSTE JUWELIER-DICHTE IN TEL AVIV UND ZUDEM NOCH VIELE SCHICKE KLAMOTTEN-LÄDEN. IM »CAFÉ NINA« KANN MAN SICH DIE NÖTIGE STÄRKUNG HOLEN UND DEN ANDEREN BEIM EINKAUFSBUMMEL ZUSEHEN. IM ZWEIFEL IST DAS BILLIGER.

che eine Art Ersatzreligion – und für Amnon Nissim ist es noch viel mehr: »Matkot ist meine Lebensdroge.«

Zu Hause in Neve Tzedek hat Nissim das erste und einzige Matkot-Museum der Welt eingerichtet. An sonnigen und auch wolkigen Tagen sitzt er zumeist vor dem Haus und wartet auf Besucher, die er dann freundlich und kostenlos durch sein Reich führt. Schon von außen ist es nicht zu übersehen: Bunte Holzschläger zieren die Fassade. Doch erst im Innern erschließt sich, mit welcher Hingabe und Ausschließlichkeit er dieses Spiel zu seinem Leben gemacht hat.

Die Drei-Zimmer-Wohnung ist ein Schrein für seinen Sport: Schläger aus Holz, Karbon, Plastik, Marmor und sogar aus Wolle zieren Wände und Ablagen. Manche sind mit Herzen bemalt oder mit Muscheln verziert, sie dienen als Uhren oder als Platte für den elektrischen Wasserkocher. »Plus/minus 300 Schläger gibt es hier«, schätzt Amnon Nissim stolz. Das Prunkstück steht mitten im Raum: ein Tisch in Schlägerform, 2,31 Meter lang. »Den hat ein Schreiner nach meinem Entwurf gemacht«, sagt er.

Er hat alles gesammelt, was es gibt zu diesem Sport, Hunderte Exponate stellt er aus, tausendundeine Geschichte hat er im Kopf. Dabei liegen die historischen Anfänge des Matkot, das muss er zugeben, noch im Dunkeln. Wahrscheinlich haben es Immigranten mitgebracht, vielleicht aus Polen, vielleicht aber auch aus dem Jemen oder aus Libyen. Womöglich stammt der Name vom Arabischen »madka«, eventuell auch vom Hebräischen »makah«, was so viel bedeutet wie Schlag. Historisch belegt ist das Spiel im Heiligen Land aber immerhin seit mehr als 80 Jahren. 1932 hat der Maler Nahum Gutman dem Matkot ein erstes künstlerisches Denkmal gesetzt. Das Werk hängt in Kopie ebenfalls im Matkot-Museum.

Amnon Nissim selbst ist Teil dieser Geschichte seit mehr als 70 Jahren. Neve Tzedek, wo er geboren wurde, war damals ein ärmliches Viertel im Süden der Stadt. »Als ich sechs Jahre alt war, war hier alles noch Sand, da haben wir unten vor dem Haus gespielt«, erzählt er. Seitdem sei die Sonne niemals untergegangen, ohne dass er Matkot gespielt hat.

Als »König Amnon« kennt man ihn in der Szene, wahlweise auch als »Amnon, die Kanone«. Doch ob er der Beste ist in diesem Spiel, das wird er nie wissen. Denn das Besondere an Matkot ist, dass es keinen Sieger und keinen Verlierer gibt. »Man spielt nicht gegeneinander, sondern muss miteinander spielen«, erklärt er, »und je länger der Ball in der Luft ist, umso schöner ist es.« Der Ehrgeiz liegt nicht im Punktesammeln, sondern darin, immer präziser und härter zu schlagen und zu retournieren.

Wer ins Museum will und Amnon Nissim nicht zu Hause antrifft, der muss einfach später wiederkommen oder kann in einem der vielen Cafés in der Nachbarschaft warten. Er ist gewiss nur schnell mal runter zum Strand gegangen auf ein Spielchen. »Solange Gott mich noch irgendwie auf den Beinen stehen lässt«, sagt er, »so lange will ich Matkot spielen.«

Alles Gaga

SUZANNE DELLAL CENTER
YEHIELI STREET 6
INFORMATIONEN ZU DEN GAGA-STUNDEN
UNTER WWW.GAGAPEOPLE.COM
TICKETS FÜR BATSHEVA AN DER KASSE
IM SUZANNE DELLAL CENTER,
SO - DO 9-17 UHR, ODER UNTER
WWW.BATSHEVA.CO.IL/EN/TICKETS

TIPP

GAGA MACHT HUNGRIG. IN DER
DALLAL-BÄCKEREI GLEICH UM DIE
ECKE GIBT ES KNUSPRIGE BROTE UND
CROISSANTS, PIZZA UND QUICHE,
TORTEN UND TÖRTCHEN.
KOL ISRAEL HAVERIM STREET 7
SO - DO 7-22 UHR, FR 7-17 UHR

Anderswo geht man zu Yoga oder Pilates, in Tel Aviv geht man zu Gaga. Schlängelt die Arme und schüttelt die Beine, lässt die Bewegungen laufen und die Energien fließen, bringt Körper und Seele in Einklang. Wichtigste Regel: sich gehen lassen und geschehen lassen – und immer in Bewegung bleiben. Ein Tanz? »Eine Bewegungssprache«, sagt Ohad Naharin, der Gaga erfunden hat.

Die Heimat des Gaga ist das wunderschöne Suzanne Dellal Center: begrünte Innenhöfe mit Palmen, die Spalier stehen; drei kunstvoll renovierte Schulgebäude, die seit 1989 allein dem zeitgenössischen Tanz gewidmet sind. Die international bekannte Bat-

na-Thriller *Black Swan* einen Oscar erhielt, kam nach Israel, um bei Ohad Naharin zu trainieren. Und schließlich wurde Naharin selbst zum Filmstar durch den Dokumentarfilm *Mr. Gaga*, der 2016 weltweit in den Kinos lief.

In Tel Aviv pilgern lange schon auch Laien zu den täglich im Suzanne Dellal Center oder in angrenzenden Studios stattfindenden Gaga-Klassen. Tauglich ist Gaga für jedes Alter. Tanzerfahrung, so wird betont, ist nicht vonnöten. Um die Entdeckung und Stärkung des Körpers geht es, um Selbstfindung und Körpergefühl. Gaga ist offen für alle, mit einer Einschränkung: Einzelkarten werden nicht vergeben, mindestens vier Mal soll man schon kommen, um sich wirklich einzulassen.

Wer sich nicht ganz so weit einlassen will und trotzdem interessiert ist, der kann auch einfach nur zuschauen. Nicht bei den Gaga-Klassen allerdings, denn das würde wahrscheinlich bei manchem Teilnehmer den Fluss der Energien hemmen. Aber dafür bei den oft atemberaubenden Auftritten der Batsheva Dance Company, die im Suzanne Dellal Center zu sehen sind.

sheva Dance Company hat hier ihr Hauptquartier mit Übungsräumen und Auftrittssälen. Seit fast drei Jahrzehnten schon wird die Tanztruppe von Ohad Naharin geführt, der Gaga einst entwickelte, als er nach einer schweren Rückenverletzung einen Weg zurück in den Bewegungsrhythmus suchte.

Seither gehört Gaga zum täglichen Trainingsprogramm der Profi-Tänzer von Batsheva. Auch andere Tanz-Ensembles weltweit haben Gaga übernommen. Die Schauspielerin Natalie Portman, die 2011 für ihren Primaballeri-

Florentin
und der Süden

Das kreative Chaos

INFORMATIONEN ZUR GRAFFITI-TOUR:
WWW.STREETWISEHEBREW.COM/
GRAFFITI.HTML

Wer in Tel Aviv etwas auf sich hält, der zieht nach Florentin. Der einst schäbige Süden der Stadt beherbergt die meisten Clubs und eigenwilligsten Kneipen, geschwärmt wird längst von »Boheme« und »Künstlerviertel«. Eingeweihte wie unser Freund F. haben zwar schon früh ein paar Schattenseiten erkannt. »Da wohnen Typen mit Dreadlocks, die ihre Hunde schlecht behandeln«, hat er gesagt und ist bereits vor Jahren aus Florentin weitergezogen nach Jaffa. Doch trotz der Gentrifizierung, die auch Kohorten von Kinderwägen auf die Straßen gebracht hat, bleibt Florentin das bunteste Viertel der Stadt. Wie bunt, das kann man am besten

sehen, wenn man Guy Sharett folgt.

Sharett macht Führungen durch sein Heimatviertel, »Urban Culture«-Touren nennt er das. Wer sich ihm anschließt, der erkennt den Wandel, der sich hier auf den Wänden ankündigt – nicht als Menetekel, sondern als Graffiti. Denn Florentin ist ein Freilichtmuseum für Straßenkunst, und auch für Guy Sharett ist es täglich eine andere Tour. Ständig gibt es neue Werke zu entdecken. Wo gestern noch ein wunderschönes Graffito prangte, ist heute die Wand geweißelt oder gleich das ganze Haus weggerissen.

Die Graffitologie, das lernt man schnell, ist also bei aller wilden Modernität längst auch eine archäologische Wissenschaft. Hier sind die Reste einer übermalten Schablonen-Taube des Künstlers »Dede« zu sehen, dort ein Affenarm von »Wonky Monkey«. Egal, ob es die riesigen Auberginen sind, die ein gewisser EPK (Eggplant Kid) an Hauswände sprüht oder die Möhre eines Epigonen – nichts hat Bestand, alles fließt.

Die Stadtverwaltung hat sich lange Zeit schwergetan mit dieser Kunst am Bau. Offiziell gilt das Bemalen der Wände als Vandalismus, inoffiziell aber ist es längst als spezieller Ausdruck der Tel Aviver Lebensart geduldet. Doch die Nischen werden kleiner. Je schicker das Viertel wird, desto schneller fallen die

Bilder den Reinigungsmaschinen zum Opfer. Freie Bahn haben die Sprayer nur noch im Gewirr des alten Werkstattviertels, dessen Tage allerdings auch schon gezählt sind. Die Pläne für eine Bebauung mit Luxuswohntürmen liegen längst in den Schubladen. Noch kann man hier die Künstler in flagranti beobachten, entspannt aber wirkt das längst nicht immer. »Es gibt nicht mehr viel Platz«, sagt ein junges Pärchen, das sein frisches Werk gerade mit »BIV« zeichnet, »wir mussten schnell sein, sonst hätte sich ein anderer die Wand genommen.«

Wer Glück hat, schafft es von der Straße ins Museum. Das Tel Aviv Museum hat den Graffiti-Künstlern bereits eine Ausstellung gewidmet. Und in Florentin gibt es die »Tiny Tiny Gallery«. Nicht mehr als ein Schaufenster ist das, in dem jeden Monat ein anderer Street-Art-Künstler präsentiert wird. Wenigstens sind sie so von der Straße weg.

Heißes Pflaster

Wenn es Nacht wird in der Lilienblum, dann parken die Autos auf dem Trottoir, und die Menschen schlendern mitten auf der Straße. Im ewig langen Sommer schleicht sich dann die Hitze aus der Häuserflucht, es ist die Zeit des Aufatmens und Durchatmens. Unter dem Pflaster liegt immer noch der Strand, doch Badelatschen trägt hier ausnahmsweise mal kaum einer. Jede Partynacht gleicht einem Gipfelsturm, und dafür braucht man festes Schuhwerk, gern auch hochhackig. Hinter bunt bemalten Ziegelmauern oder schwarzen Türen liegen die Attraktionen versteckt. Die Welt da draußen kann warten bis zum nächsten Morgen.

LILIENBLUM STREET

Die »Rehov Lilienblum«, benannt nach dem Gelehrten, Reformer und frühen Zionisten Moshe Leib Lilienblum, ist eine schmucklose Straße im Herzen Tel Avivs. Natürlich ist es eine Einbahnstraße, weil in dieser Stadt immer alles mit Volldampf in eine Richtung geht. Der Abschnitt zwischen der Herzl und der Allenby Street misst gerade einmal 250 Meter, doch auf diesen 250 Metern zeigt sich die ganze Vielfalt einer Metropole, die bis zum Umfallen stolz darauf ist, dass sie niemals schläft. Wer sich zufällig am Tag in die Lilienblum verirrt, der findet das typische Tel Aviver Gemisch aus Bauhaus und Bausünden, angereichert durch Baustellen. Hier wohnt man nicht, hier hetzt man durch – oder man arbeitet in einer der vielen Bankfilialen und steht in der Pause rauchend vor dem Portal. Doch die Hauswände mit den halb zerfetzten Plakaten, die von kommenden oder längst verklungenen Partys künden, verweisen darauf, dass diese Straße ein Doppelleben führt. Hässlich bei Tage, und auch in der Nacht gewiss nicht schön – aber aufregend.

In der »Abraxas-Bar« zum Beispiel (Hausnummer 40) ist die Musik laut, die Stimmung aufgekratzt aus Überzeugung und Prinzip, und wer einsam ist, der muss es nicht bleiben. Hier könnte man schon einmal eine Nacht lang versacken – wenn es nicht noch so viel anderes zu erleben gäbe in der Lilienblum. Wer Live-Musik sucht, der findet sie fast jeden Abend in einem, nun ja, Schuppen namens »Tsusamen« (Hausnummer 25). Klingt vielleicht hebräisch, soll aber deutsch sein und das Lokal als Ort der Zusammenkunft definieren. Es ist eine jener erfreulich vielen Musik-Kneipen in Tel Aviv, in denen die ganze Palette von Rock über Blues bis zum Jazz geboten wird. Die Bühne ist hinten links in der Ecke aufgebaut – drei Hocker, drei Mikrofone, mehr nicht. Im »Tsusamen« herrscht die altmodische Übersichtlichkeit der Siebzigerjahre: Man trinkt Bier. Man kennt sich. Es kommen Alte und Junge. Hauptsache, lange Haare. Und die Patina an den Wänden stammt bestimmt nicht nur vom Zigarettenrauch.

Wenn gegen Mitternacht die Konzerte hier gespielt und die Gitarren verräumt sind, hat sich draußen die Straße gefüllt. Aus der »Mitbach Layla«, der Nachtküche (Hausnummer 43), dringen schnelle Rhythmen und die lauten Stimmen all derer, die den späten Hunger stillen oder eine gute Grundlage für all das legen wollen, was kommen soll. Wer auch um zwei Uhr nachts oder später noch weiterfeiern will, dem steht noch die Legende offen: das »Nanuchka« (Hausnummer 30). Seit mehr als 15 Jahren schon gibt es das Lokal als wüste Mischung aus georgischem Restaurant und Club. Für Tel Aviv, das sich in Lichtgeschwindigkeit verändert, ist es fast schon ein Relikt aus der Steinzeit. Doch in diesen Jahren hat es nicht nur einen Ortswechsel, sondern auch manch anderen Wandel überlebt. »Die Leute lieben Veränderungen«, sagt die Besitzerin Nana Shrier – und deshalb hat sie ihre stadtbekannte deftige Küche irgendwann auf vegan umgestellt. Geld verdient sie aber gewiss auch so noch genug, denn alles Pflanzliche will begossen sein. Wenn hier die Pforten schließen, ist es draußen auf der Straße längst schon wieder ruhig. Natürlich kann man anderswo weiterfeiern. Aber eigentlich sollte man heimgehen, wenn es Morgen wird in der Lilienblum.

Auf dem Catwalk

Zwei Millionen streunende Katzen soll es in Israel geben. Die meisten haben sich offenbar für ein Leben in Tel Aviv entschieden, vermutlich wegen des kulturellen Angebots oder der Strandnähe. Womöglich hat es aber auch etwas mit Mäusen und Ratten zu tun. Jedenfalls sieht man die Katzen überall, und man riecht sie überall. Sie beherrschen Straßen und Hinterhöfe, sind aber so großherzig, dass sie sich die Stadt mit ein paar Hunderttausend Menschen teilen. Zum Dank dafür füttern viele Tel Aviver die Straßenkatzen durch. »Wir lieben die Tiere«, sagt Avivit Kamisa.

Sie hat aus dieser Liebe nicht nur einen Beruf, sondern auch

FLORENTIN/BEN ATTAR STREET

eine Berufung gemacht. An der Ecke Florentin und Ben Attar Street betreibt sie eine Tierhandlung mit dem heimeligen Namen »Rottweiler Farm«, vor allem aber hat sie hier im Laden und auf dem angrenzenden Balkon ein inoffizielles Katzenhotel eröffnet. In Katzenkreisen hat sich das schnell herumgesprochen. »Zehn Katzen schlafen hier immer, den ganzen Tag«, sagt sie. »20 oder 30 kommen nur zum Essen.« Manchmal seien es auch mehr, erzählt sie, »die bringen dann ihre Freunde mit«. Im Laden halten sie ständig ein paar lauschige Ecken besetzt, draußen auf dem Balkon warten Futternäpfe und Wasserschüsseln. Vom Kratzbaum bis zum Kuschelkissen ist alles da, was man als Katze zum Chillen so braucht. Im Winter schützt eine Plane die Tiere vor Wind und Wetter. »Im Sommer«, sagt Avivit Kamisa, »können sie hier sonnenbaden.« Natürlich teilen nicht alle im Land diese Tierliebe, und manche halten die Katzen auch für eine Plage. Die Regierung in Jerusalem hatte einen Millionenetat zur massenhaften Sterilisation und Kastration bereitgestellt, doch dann trat ein Landwirtschaftsminister namens Uri Ariel auf den Plan. Er ist ein gottesfürchtiger Mann, der das Sterilisationsprogramm mit dem Hinweis auf die Bibel stoppte. »Seid fruchtbar und mehret euch«, heißt es schließlich im 1. Buch Mose, und das sollte auch für Katzen gelten. Vielleicht aber hat er dazu noch an jene Stelle im 3. Buch gedacht, Kapitel 22, Vers 24: »Ein Tier, dem die Hoden zerquetscht, zerschlagen, abgerissen oder abgeschnitten sind, dürft ihr Jahwe nicht darbringen.« Der fromme Minister also ersann als Alternative ernsthaft den Plan einer massenhaften Deportation der Katzen. Gescheitert ist das dann aber nicht nur daran, dass sich auf die Schnelle kein Land fand, das zur Aufnahme israelischer Katzen bereit war. Es gab einen Aufschrei der israelischen Tierschützer.

»Der spinnt doch«, meint Avivit Kamisa und tippt sich an die Stirn. Die Sterilisation ist für sie als Tierfreundin immer noch der beste Weg, um zu verhindern, dass Katzen auf der Straße verhungern. Mit ihren Katzen-Gästen geht sie zum Tierarzt, bezahlt wird die Sterilisation heute von Hilfsorganisationen. »Aber egal, was du machst«, sagt sie, »es werden trotzdem immer mehr.«

26

Höret die Hörner!

Hohe Feiertage kann man hören in Tel Aviv. Am Morgen von Rosch Haschana zum Beispiel, dem jüdischen Neujahrsfest, oder zum Ausgang des Versöhnungstages Jom Kippur ertönt in den Straßen ein tiefes und durchdringendes Röhren. Dann wird das Schofar geblasen, die jüdische Hallposaune, und in einem kleinen Laden im Süden der Stadt darf man sich zufrieden zurücklehnen. Wieder mal eine Feiertagssaison geschafft, und wieder sind die Kunden zufrieden.

Bei »Barsheshet-Ribak« deckt sich zum hohen Fest die Kundschaft gern mit einem neuen Schofar ein, und die Qualität, da darf man sicher sein, ist weit

BARSHESHET-RIBAK
NAHALAT BENYAMIN 131
SO - DO VON 10-17 UHR.
DIE ROTE KINGEL DRÜCKEN!

besser als bei all jenen Hörnern, die körbeweise in den Andenkenläden für die Touristen liegen. Denn ein richtiges Schofar, dieses geschwungene Horn, zumeist vom Widder, ist der Stolz seines Besitzers. Es ist eines der ältesten Musikinstrumente der Welt, das seit Jahrtausenden seinen Platz im jüdischen Ritus hält. Das Horn verweist auf die Geschichte von Abrahams Sohn Isaak, an dessen Stelle durch die Gnade des Herrn schließlich doch ein Widder geopfert wurde. Der eindringliche Ton soll also an den Bund des Volkes Israel mit Gott erinnern, und er soll die Menschen aufrütteln aus ihrem Lebenstrott, der wahrscheinlich in Tel Aviv noch ein

wenig sündiger ist als anderswo im Heiligen Land. »Wenn einer den Klang des Schofars hört und nicht achtsam ist, dann wird das Schwert kommen und ihn hinwegraffen«, heißt es dazu unterstützend beim Propheten Ezechiel.

Die Gläubigen werden noch an mehr als 70 anderen Bibel-Stellen mit dem Schofar konfrontiert. Kein Wunder also, dass besonders vor den Feiertagen in der Hinterhof-Werkstatt die Maschinen heißlaufen. Schon von draußen ist der Klang der Hörner zu hören, die von den Kunden gründlich getestet werden.

Seit 1927 gibt es das Zwei-Familien-Unternehmen in der Stadt, und die Werkstatt wirkt, als hätte sich wenig geändert seit den Gründertagen. In prall gefüllten blauen Säcken, in Plastikkisten und Pappschachteln häufen sich hier die Hörner bis zur Decke. »Das kommt alles aus Marokko«, sagt Eli Ribak, der das Geschäft von seinem Vater Abraham geerbt hat und es nun gemeinsam mit seinem Partner Zvi Bar-Sheshet führt. Die Hörner werden hier ausgehöhlt, poliert, teils mit feinen Ornamenten versehen – und das mit einer Familienerfahrung von 15 Generationen, die schon in der spanischen und polnischen Diaspora von der Schofar-Produktion lebten.

Umgerechnet 20 Euro kosten die kleinen Hörner, für ein stattliches Schofar muss man bis zu 150 Euro bezahlen. Saison ist eigentlich das ganze Jahr, auch jenseits der Feiertage. »Gekauft wird ein Schofar ja nicht nur für die Synagoge«, sagt Eli Ribak, »es gibt Leute, die machen Konzerte damit.«

Feiern mit Hochfrequenz

Das »Teder« gilt als Heimat der Hipster, aber keine Angst: Man kann auch ohne Vollbart kommen. Denn im wahrscheinlich spannendsten und ganz gewiss vielseitigsten Platz im Nachtleben der Stadt darf jeder nach seiner Façon glücklich, betrunken, high, erleuchtet und am Ende sogar müde werden.

»Teder«, das ist ein Biergarten, eine Bar, eine Bühne, ein Club, eine Galerie, ein Rundfunk-Studio und vieles mehr. All das findet Platz im rechteckigen Hof eines Gebäudekomplexes namens »Beit Romano«, der 1947 als erste Einkaufsmall der Stadt errichtet wurde. Einst diente es als Zentrum des Textilhandels, doch mit der Zeit war das Areal so he-

TEDER
DERECH YAFO 9
MO – SA, IMMER NUR ABENDS GEÖFFNET.

runtergekommen, dass es tauglich wurde für die untergründige Ausgehszene. Bei Tag haben immer noch die Läden geöffnet, und »Miss Rosy« verkauft Triumph-Wäsche. Nach Feierabend beginnt dann die Feierschicht.

Im ersten Stock hat sich der allseits vergötterte Promikoch Eyal Shani eingenistet, der wegen seiner Liebe zu jungem Gemüse – vor allem Tomaten und Blumenkohl – bekannt geworden ist. Garniert wird das Essen in seinem »Romano«-Restaurant allerdings mit einer solchen Überdosis Hype, dass man getrost im Erdgeschoss bei der Pizza bleiben kann, die frisch und wagenradgroß aus dem Ofen kommt. Sie wird ebenfalls von Eyal Shani verantwortet, bedarf aber keiner Speisekarten-Lyrik und schmeckt wirklich.

Mit der Pizza schafft man eine gute Grundlage für die langen Abende im »Teder«. Die Initiatoren des Projekts waren zunächst mit einer Pop-up-Bar und einem Internet-Radio namens »Teder.FM« ein paar Sommer lang durch die Stadt vagabundiert, bevor sie 2013 hier heimisch wurden. Dem Prinzip des Provisorischen und Überraschenden sind sie treu geblieben bis hin zum Konzertprogramm. Rock und Jazz sind zu hören, dazu noch Klassik-Highlights wie das Israel Chamber Orchestra, das hier zusammen mit Ethno- oder Techno-Musikern auftritt.

Die Konzerte werden dann live vom Radiosender Teder.FM übers Internet in alle Welt hinaus gesendet (www.teder.fm). Wer jedoch das Glück hat, im Hof zu sitzen, der erlebt das Radio plötzlich gleich mit mehreren Sinnen: Man kann hören, was gesendet wird, dabei den Radiomachern bei der Arbeit im Studio zuschauen und sogar bis draußen riechen, was sie dabei rauchen.

Auf dem Weltmarkt

Im Vorbeigehen greift eine Frau noch schnell in die Auslage, zerreibt ein paar kleine Körner zwischen den Fingern, führt die Finger zur Nase – was für ein Duft: Lavendel! Aus dem Laden nebenan strömt der Geruch von Kaffeebohnen. In Körben oder Säcken oder einfach nur Pappkartons werden vor den Geschäften Nüsse und Trockenfrüchte, Rosenblüten und Gewürze in solcher Fülle angeboten, dass auf den engen Gehsteigen kaum noch Platz bleibt. Aber was wäre ein Markt ohne Gedränge. Willkommen auf dem Levinski-Markt, der sehr lokal und zugleich sehr global ist. Während die Touristen zumeist auf dem Shuk Hacarmel, dem berühm-

LEVINSKI MARKET
TÄGL. AUSSER SA

TIPP

VOM CAFÉ KAYMAK AUS LÄSST SICH BEI EINEM MASALA CHAI ODER EINEM VEGETARISCHEN IMBISS GANZ ENTSPANNT DAS TREIBEN AUF DEM STRASSENMARKT BEOBACHTEN.
LEVINSKI STREET 49
SO – DO 8.30–23 UHR, FR 8.30–16 UHR,
SA 19.30–23.30 UHR

ten Carmel Market, ihrer Orient-Sehnsucht nachspüren, treffen sich hier die Tel Aviver. Bunt gemischt geht es trotzdem zu, der Markt ist ein Spiegelbild der israelischen Gesellschaft, und das ist eine Einwanderergesellschaft. Der Markt wurde in den Dreißigerjahren von jüdischen Immigranten aus der Balkanregion – Bulgarien, Griechenland und der Türkei – gegründet. Nach der Staatsgründung 1948 folgten weitere Einwanderungswellen, vor allem viele Juden aus Iran ließen sich in den eher schäbigen Häusern des umliegenden Viertels nieder. Sie brachten alle Gewürze und Geschmäcke mit in die neue Heimat. Der Levinski-Markt wurde so zum Weltmarkt. In persischen Restaurants wie dem »Salimi« gibt es bis heute Gerichte vom Golf, an der Wand hängt ein gerahmter Segensspruch auf Farsi. Es ist wohl einer der wenigen Plätze auf der Welt, wo Iran und Israel in perfekter Harmonie leben. Nicht weit entfernt davon schmücken Bilder vom Bosporus eine Boureka-Bude, und nebenan lockt Eitan Levi die Kundschaft mit griechischen Oliven und türkischem Käse in sein »Yom Tov Delicatessen«-Geschäft. Er zieht ein Bild hinter der Theke hervor. »Das ist unser Großvater«, sagt er, »bis 1969 hatten wir einen Laden wie diesen in Istanbul.« Nun wird das Erbe auf dem Levinski-Markt gepflegt, erzählt der Enkel. »Hier gibt es Vorspeisen, Salate und Fleischgerichte nach Rezepten aus der Türkei.«

29

Die Betonwüste lebt

NEUER ZENTRALER BUSBAHNHOF
HAUPTEINGANG LEVINSKI STREET 118
GEFÜHRTE TOUREN AUF ENGLISCH DURCH
DEN BUSBAHNHOF: WWW.CTLV.ORG.IL
INFOS UND PROGRAMM VON YUNG YIDISH:
WWW.YIDDISH.CO.IL/ABOUT

TIPP

DIE FINSTERE GEGEND RUND UM DEN
BUSBAHNHOF LÄDT GEWISS NICHT ZUM
NÄCHTLICHEN BUMMEL EIN. DENNOCH
LIEGT IN UNMITTELBARER NÄHE IN DER
SALAME STREET 157 »THE BLOCK«, DER
WOHL BERÜHMTESTE CLUB VON TEL AVIV.
WWW.BLOCK-CLUB.COM

Wer den Schildern folgt, der ist verloren. Auch die Rolltreppe scheint geradewegs ins Nirgendwo zu führen. Und diese rund geschwungene Rampe dort hinten, die sollte man wohl besser meiden. Denn wer nicht alle seine Sinne nutzt in diesem Busbahnhof, der kann leicht den Anschluss nach Jerusalem verpassen – und landet dann zum Beispiel mitten in Manila.

Der Neue Zentrale Busbahnhof von Tel Aviv, der 1993 nach nicht einmal 30 Jahren Planungs- und Bauzeit in Betrieb genommen wurde, ist von außen ein Monstrum und innen ein Labyrinth: 230 000 Quadratmeter Fläche auf sieben Stockwerken, sieben Kilometer gewundene Gänge

ohne Tageslicht, 1600 Läden, von denen mehr als die Hälfte leer stehen. Bis zu 100 000 Menschen hetzen hier täglich durch: Soldaten, denen das Sturmgewehr um die Hüfte baumelt, Ultraorthodoxe mit wehenden schwarzen Rockschößen und Mütter mit Kinderwägen. Sie sind hier, weil sie wegwollen. Dabei wäre es so lohnend zu bleiben.

Wahrscheinlich nämlich ist der Busbahnhof nur eine Tarnung. Klar, irgendwo oben im 6. und im 7. Stock fahren tatsächlich die Busse los in alle Himmelsrichtungen. Doch überall sonst in diesem größenwahnsinnigen Betonkomplex sind kuriose Welten und Gegenwelten entstanden, die eine Erkundung lohnen.

Um von Tel Aviv aus nach Manila zu kommen, braucht man nämlich kein Flugzeug und nicht einmal einen Bus. Man muss sich nur im Erdgeschoss, das nach der hier geltenden Verwirrungslogik als 4. Stock bezeichnet wird, ein wenig treiben lassen. Vorbei an den Läden mit den Laptops und den Tanktops, einmal rechts, zweimal links und ein paar Mal im Kreis – und schon ist man mitten in Südostasien mit philippinischen Wechselstuben und Bankfilialen, mit philippinischen Reisebüros und dem Manila-Mini-Market mit all den Originalwaren für die heimwehkranken Gastarbeiter. »Die Oishi-Chips sind die besten«, sagt freundlich die philippinische Ladenbesitzerin.

Vom 4. Stock, dem Erdgeschoss also, steigt man dann drei Stockwerke hinab ins verlassene Reich der Finsternis. Einstmals war geplant, dass auch von hier aus Busse fahren. Das aber hat sich schnell erledigt, die Luft war zu schlecht und die Nachfrage zu gering. Geblieben sind verlassene Wartesäle, verstaubte Plastikpflanzen, ein Habitat für Fledermäuse sowie ein Bunker für 16 000 Menschen, atombombensicher natürlich. Ach ja, einen Kinopalast gibt es noch – mit sechs Sälen, deren pompöse Ruinen sich im Licht einer Taschenlampe besichtigen lassen.

Der Gegenentwurf zu diesem Schattenreich findet sich im 5. Stock, wo die Kultur eine Heimstatt gefunden hat. Die Wände sind bemalt mit Graffiti von 150 Künstlern aus aller Welt. Maler und Architekten haben sich in verlassenen Ladenlokalen eingerichtet, und in einem Kulturzentrum namens »Yung Yidish« wird mit Büchern, Theateraufführungen und Konzerten die jiddische Sprache gepflegt.

Wer wieder in die wirkliche Welt hinaus will, der hat zwei Möglichkeiten: Er wagt den Weg zurück durchs Gewirr der Gänge – oder nimmt einfach den Bus nach Jerusalem. Von dort aus soll es gute Verbindungen zurück nach Tel Aviv geben.

Die Siedler aus Neuengland

MUSEUM IM MAINE FRIENDSHIP HOUSE
AUERBACH STREET 10
NUR FR UND SA 12–14 UHR
EINTRITT FREI, SPENDEN WILLKOMMEN
WWW.JAFFACOLONY.COM

TIPP

DIE AMERICAN COLONY GRENZT ANS
TRENDIGE NOGA-VIERTEL MIT VIELEN
KLEINEN DESIGNER-LÄDEN, SCHÖNEN CAFÉS
SOWIE EINER HOHEN DICHTE AN YOGA- UND
PILATES-STUDIOS.
IM »AVI KLINTON RESTAURANT« KANN
MAN URIG FÜR 20 SCHEKEL FRÜHSTÜCKEN
(OMELETT, HUMMUS, SHAKSHUKA) UND FÜR
30 SCHEKEL ZU MITTAG ESSEN (SCHNITZEL,

KEBAB UND WAS ER GERADE SO GEKOCHT
HAT). MAN SITZT AUF PLASTIKSTÜHLEN
DRINNEN ODER DRAUSSEN, AN DEN WÄNDEN
HÄNGEN BILDER VON SHOWGRÖSSEN ODER
(ZUMEIST RECHTEN) POLITIKERN.
RUCHAMA STREET 9
TÄGL. AUSSER SA

Fast glaubt man noch das Ächzen zu hören und vielleicht auch das Fluchen jener Farmer aus der Ferne, die hier einst den kargen Boden pflügten. All die Euphorie des Anfangs, der Schweiß und die Tränen sind konserviert in den hölzernen Häusern der American Colony.
Wer von der ewig lärmenden Eilat Street in die Auerbach

Street abbiegt, der landet in einer anderen Welt, zu einer anderen Zeit. Es ist die Zeit, in der ein Prediger namens George Adams im amerikanischen Maine seine Anhänger zu einer großen Reise um sich scharte. 157 Mitglieder der von ihm gegründeten »Kirche des Messias« bestiegen ein Schiff und segelten quer über den Atlantik. Die Mission: als Christen im Gelobten Land zu leben und die Rückkehr der Juden dorthin vorzubereiten.

42 Tage dauerte die Überfahrt auf der »Nellie Chapin«, die beladen war mit allem, was die christlichen Früh-Zionisten zum Neuanfang brauchten. Mit an Bord: 22 vorfabrizierte Holzhäuser im originalen Neuengland-

Stil. Am 22. September 1866 ging das Schiff in Jaffa vor Anker. Es war eine harte Landung im Heiligen Land.

Denn die osmanischen Herrscher waren wenig erfreut über die Neuankömmlinge. Wochenlang mussten sie am Strand campieren, bis sie ihre Häuser schließlich auf einem ihnen zugewiesenen Stück Land errichten durften. Der trockene Boden gab längst nicht genug her, um die Menschen zu ernähren. Krankheiten rafften Dutzende dahin, und auch der Anführer zeigte sich der Lage nicht gewachsen. George Adams flüchtete sich in den Alkohol. Als er nur zwei Jahre nach der Ankunft starb, sollen in seinem Nachlass 201 Flaschen

Whisky sowie reichlich Wein und Arrak gefunden worden sein. Die Überlebenden machten sich schnurstracks auf den Rückweg nach Maine. Rette sich, wer kann. Die zurückgelassenen Häuser wurden von pietistischen Templern aus Deutschland übernommen, die ihre Steinbauten hinzufügten sowie die neugotische Immanuel-Kirche mit bunten Fenstern und einer laut tönenden Orgel. Was von den alten Holzhäusern der American Colony blieb, war bis vor wenigen Jahren eine dem baldigen Abriss anheimgegebene Ruinenlandschaft.

Doch heute herrscht neues Leben in den alten Balken. Zu verdanken ist das nicht zuletzt dem aus Maine stammenden Ehepaar Reed und Jean Holmes, die anno 2002 eines der Häuser kauften und originalgetreu restaurierten. Heute beherbergt ihr »Maine Friendship House« ein krempeliges Museum zur Geschichte der American Colony. Die »Nellie Chapin« mit ihren geblähten Segeln ist auf Öl verewigt, lederne Kinderschühchen und eine Sammlung rostiger Nägel vermitteln das Flair der alten Zeit.

Draußen ist längst die neue Zeit angebrochen, in der Investoren in der American Colony gute Geschäfte wittern. Das alte »Jerusalem Hotel« wird restauriert und zur Luxusherberge umgestaltet. Das »Beit Immanuel«, in dem der russische Baron Plato von Ustinow, Großvater des Schauspielers Peter Ustinow, einst ein Hotel betrieb, ist heute ein Hostel. Im schattigen Garten kann man sitzen und einen Drink bestellen – auf die alten Zeiten.

Jaffa

Die Schischi-Gesellschaft

Der sechste Tag der Woche heißt Jom Schischi, und der Schischi ist die pure Magie: Am Freitag verwandelt sich die hektische Betriebsamkeit der Stadt in unbedingten Müßiggang. Alle müssen raus, auf die Straßen und die Plätze, und am liebsten treffen sich die Hippies und die Hipster und alle dazwischen und daneben im Flohmarkt-Viertel von Jaffa.

Auf den ersten Blick herrscht hier ein heilloses Gewirr von Gassen und Gängen, Geschäften und Ständen. Doch natürlich gibt es eine innere Ordnung auch in diesem Chaos, und dieser Ordnung zufolge beginnt die Schischi-Runde bei Abouelafia (Yefet Street 7). Vor der arabischen

FLOHMARKT

Backstube drängen sich die Kunden, die hier gefertigten Sesamkringel, die gefüllten Fladenbrote und die sündhaften süßen Knafeh gelten in Tel Aviv als weltberühmt.

Die einzige inoffiziell zugelassene Alternative dazu ist ein Frühstück bei »Dr. Shakshuka« (Bet Eshel Street 3). Der Wirt wirbt damit, bei der »Royal Chef Competition« in London einen Preis gewonnen zu haben. Wie ein Königshof wirkt der hier mit alten Holztischen möblierte Innenhof zwar nicht, aber es herrscht Gedränge wie bei einer Generalaudienz. Die Shakshuka – pochierte Eier in einer würzigen Tomatensoße – werden den Untertanen, also der Kundschaft, in brandheißen Pfannen serviert, wahlweise mit Pilzen, Auberginen, Zwiebeln und vielem mehr.

Wem das zu schwer ist, der findet mit ein wenig Glück oder Wartezeit einen Tisch bei »Puaa« (Rabbi Yohanan Street 8). Das ist der Veteran unter den hiesigen Cafés, ein entspannter Ort mit gesunder Hausmannskost und treuem Stammpublikum. Hier könnte man Stunde um Stunde sitzen – doch wunderbar Bummeln und Einkaufen kann man im Flohmarkt-Viertel natürlich auch. Im überdachten Marktbereich haben sich die Händler

auf Touristen eingestellt: Kunstgewerbliches kommt zwar oft aus Indien oder Afrika, es riecht nach Patchouli und Mottenkugeln, aber ein schönes Souvenir ist hier allemal zu finden.

In den Straßen ringsum liegen die alten Trödelläden mit angeschlossener Werkstatt, wo die Zeit stillzustehen scheint. Es werden Stühle aufgepolstert, Holzkommoden abgebeizt und Wunderlampen poliert. Man kann in den zugerümpelten Geschäften wirkliche Schätze finden – oder trotz zähen Handelns ziemlich übers Ohr gehauen werden.

Nach und nach allerdings verändert das Flohmarkt-Viertel sein Gesicht. Der Trend geht vom Krempel zur Kunst. Wo früher Trödel war, ist heute Vintage. Doch auch hier lohnt der Besuch. Die Läden werden liebevoll geführt, Designermode muss in Tel Aviv nicht immer teuer sein.

Wenn die Flohmarkt-Händler ihre Stände abbauen und die Geschäfte zusperren, ist hier der Tag noch lange nicht zu Ende. In den Cafés und Kneipen wird dann die Musik ein bisschen lauter aufgedreht, bis tief in die Nacht wird gefeiert. Schischi ist vorbei. Aber der Sabbat ist auch nicht schlecht.

Alles frisch

»Ich mache das schon seit 50 Jahren«, sagt Samir Abu Arab, »aber viele sind wir nicht mehr.« Der Blick geht übers Hafengelände, wo die Musik aus den Restaurants dringt und die Kellner nach Gästen angeln, wo die Flaneure ihre Freizeit zelebrieren und die Hochzeitspaare vor Romantik-Kulisse posieren. Den besten Platz aber hat Samir sich auf einer Bank am Ende der Mole gesichert. Denn allem Andrang ringsherum zum Trotz ist das hier immer noch sein Meer, sein Hafen und sein Schiff, das hinten sanft auf den Wellen schaukelt. Samir ist ein Fischer aus Jaffa, 65 Jahre alt und wettergerbt. Sein Boot hat er auf den arabischen Namen »Amal« getauft.

HAFEN

TIPP

IM »FISHERMEN'S WAREHOUSE« GIBT ES AUCH EINEN IMBISS. DIE FRITTIERTEN SHRIMPS UND CALAMARI SOLLTE SICH NIEMAND ENTGEHEN LASSEN.

Amal heißt Hoffnung, und voller Hoffnung fährt er stets nachts hinaus aufs Meer. Die Fischer von Jaffa leben ihr Leben weiter, auch wenn ihr Hafen mittlerweile zu einem pittoresken Event-Gelände veredelt wurde mit Fischrestaurants, die alt-arabisch sind, cool oder koscher.

Was sollen sie auch anderes tun, sie sind die Hüter einer tatsächlich schon jahrtausendelangen Tradition. Der Hafen von Jaffa gilt als ältester Hafen der Welt. 5000 Jahre alt, grob geschätzt. Ägyptische Inschriften hat man gefunden, die Phönizier waren da und die Philister. Der Prophet Jona hat hier dem Alten Testament zufolge ein Schiff bestiegen, von dem aus er ins Meer geworfen wurde, auf dass ihn ein Wal verschluckte. Weil der Wal so freundlich war, ihn nach drei Tagen in seinem Bauch wieder ans Land zu speien, hat man dem Tier im Hafenviertel ein Denkmal errichtet.

Irgendwann wird man vielleicht auch den Fischern ein Denkmal setzen müssen als bedrohte Spezies. Doch noch halten sie sich quicklebendig, zumindest in einer der hinteren Hallen des Hafengeländes. Hier sitzen sie am Tag und flicken ihre Netze. Hier treffen sie sich und reden von den alten Zeiten, die besser waren oder besser werden, je öfter sie darüber reden. Samir klagt wortreich über den Klimawandel, die Meereserwärmung und all die großen Schiffe, die mit ihren Schleppnetzen sein Revier leer fischen. Doch noch ernährt sein Fang den Mann, und was er an Land bringt, liegt schon kurz darauf in der blauen Plastikwanne im »Fishermen's Warehouse« im Hafen.

Goldbrassen gibt es dort, Seebarsch und Thunfisch, dazu Krabben, Shrimps und Tintenfische. »In der sechsten Generation verkaufen wir hier schon den Fisch«, sagt der Ladenbesitzer stolz. »Er kommt direkt vom Boot, nirgends bekommst du ihn frischer.«

Im Rausch der Sinne

Ilana Goor ist ihr Name, und sie ist eine Lady. Die Kunst ist ihr Leben, und so hat sie in einem wunderschönen, fast 300 Jahre alten Palast ein spektakuläres Museum eröffnet. Dieses Museum trägt ihren Namen. Ihr Porträt hängt – neben vielen anderen Kunstwerken natürlich – dutzend-, ja hundertfach an den Wänden, auf Öl, als Tuschezeichnung oder als Fotografie. Und mit ein wenig Glück kann man Ilana Goor sogar leibhaftig antreffen. Zum Beispiel mit dem Putzeimer in der Hand. »Einer muss hier ja saubermachen«, sagt sie dann.

Mit einem wilden Mix aus Malerei, Skulpturen und Videokunst, angereichert mit afrikanischen Masken und kupfernem Koch-

ILANA GOOR MUSEUM
MAZAL DAGIM STREET 4
SO – FR 10–16 UHR, SA 10–18 UHR
EINTRITT: ERWACHSENE 30 SCHEKEL;
KINDER 20 SCHEKEL; STUDENTEN,
SENIOREN UND SOLDATEN 25 SCHEKEL
WWW.ILANAGOORMUSEUM.ORG

geschirr, ist dieses Museum auf Reizüberflutung und Exzentrik angelegt. Geführt wird es von der Gründerin aber durchaus bodenständig. Die Räumlichkeiten sind für Hochzeits- oder Firmenfeiern zu mieten. »Leicht ist es nicht, das alles am Laufen zu halten«, sagt Ilana Goor und seufzt.

Denn eigentlich lebt sie ja lange schon in New York. Israel aber ist ihre alte Heimat, 1936 wurde sie hier geboren. 1995 hat sie ihr Museum eröffnet in diesem Haus, das einst im Hafen von Jaffa den jüdischen Pilgern auf ihrem Weg ins Heilige Jerusalem als erste Anlaufstelle diente. Wenn Ilana Goor sich in Israel aufhält, dann ist das Museum

auch ihre Wohnung – womit sie dem eigenen Credo folgt, dass »Kunst ein Teil des Lebens« ist und immer zugänglich und berührbar sein soll.

Rund 600 Werke stellt sie hier aus: eigene Skulpturen und Installationen natürlich, aber zugleich ihre über die Jahrzehnte gewachsene Sammlung. Werke von Henry Moore und Diego Giacometti sind ebenso darunter wie Bilder der israelischen Altmeister Menashe Kadishman und Uri Lifshitz. Im Museum muss man sie ein wenig suchen wie in einem Wimmelbild, aber die Suche lohnt sich schon deshalb, weil man dabei über so vieles anderes stolpert.

Ein absoluter Höhepunkt aber

wird auf dem Dach präsentiert: ein Skulpturengarten zum einen, und zum anderen ein atemberaubender Blick aufs Meer. An alten Holztischen kann man sich hier niederlassen und sich fragen, was das Ganze soll – aber viel besser noch sich freuen, dass es so etwas gibt.

Ein Hoch auf die Orange

Wer Jaffa sagt, muss an Orangen denken. Seit ewigen Zeiten schon sind die saftigen Früchte ein Exportschlager, und des Exports wegen wurde im 19. Jahrhundert auch der eingängige Name gewählt. Bis dahin nämlich hieß die fast kernlose Frucht »Shamouti-Orange«, aber das geht weit weniger locker über die Lippen und damit über die Ladentheke.

Noch heute gibt es ausgedehnte Zitrusfrucht-Plantagen im Norden Israels, doch die meisten Jaffa-Orangen kommen aus der Türkei oder aus Zypern. In Jaffa selbst wachsen höchstens noch Häuser aus dem Boden. Jeder Quadratmeter ist wertvoll, zumal auf dem zum Galerienviertel herausgeputzten Altstadthügel. Kein Wunder also, dass der einzige Baum, den es hier noch gibt, komplett in der Luft hängt.

Der letzte Orangenbaum von Jaffa wird von drei strammen Stahlseilen gehalten und schwebt einen halben Meter über dem Pflasterboden. Er wächst aus einem Eisenei heraus, einer Art rostigem Samenkorn. Zweifellos steckt er stark in der Klemme. Aber: Er lebt!

Der israelische Künstler Ran Morin hat den hängenden Baum 1993 als lebendes und wachsendes Kunstwerk installiert. Wer beim Altstadt-Bummel auf den Baum stößt, dem zaubert er ein Staunen ins Gesicht, dann ein Lächeln, und bei den Touristen

mehr hören als das Rauschen der Blätter. Nicht wenige versuchen sich an einer Erklärung. »Ein Denkmal für den letzten Orangenbaum«, sagt naheliegend der eine. »Ein Symbol für die zwar aus dem Heimatboden gerissenen, aber auch in der Diaspora starken Wurzeln des jüdischen Volkes« sieht ein anderer darin. Auch der Künstler selbst hat in der Interpretation seines Werks die Fragen nach »Entwurzelung« gestellt, nach dem Verlust der Bodenhaftung in den modernen Zeiten. Doch seine Skulptur, das hat Ran Morin wissen lassen, will auf diese Fragen keine Antworten geben. So wie wir alle in unserem Leben, so wachse auch dieser Baum einfach vor sich hin – hinein in eine ungewisse Zukunft.

folgt darauf unweigerlich der Griff zum Fotoapparat.
Wenn man eine Zeitlang hier verweilt, dann kann man viel

Schalom, Salam

Zu Lebzeiten hat man ihn hier oft noch sehen können, hoch oben auf dem Balkon vor seinem Büro, von wo aus er versonnen aufs Meer schaute und ganz bestimmt seiner Vision nachhing. Ein prächtiger Blick ist das und eine wunderbare Vision, denn Schimon Peres ist ein Mann des Ausgleichs gewesen. Einer der letzten und bis zuletzt. Im September 2016 ist er gestorben, und obwohl er 93 Jahre alt war, kam das plötzlich und unerwartet, vor allem wohl für ihn selbst. Denn Peres hatte noch so viel vor.
Immerhin hat er sich selbst noch dieses höchst lebendige Denkmal gesetzt: das »Peres Peace House«, untergebracht in einem wuchtigen Bau aus Glas und Be-

PERES PEACE HOUSE
KEDEM STREET 132
WWW.PERES-CENTER.ORG

TIPP

UNTERHALB VOM »PERES PEACE HOUSE«
LIEGT DIREKT AUF DEM STRAND DAS
WUNDERSCHÖNE RESTAURANT »CASSIS«.
DAS MEER WIRKT HIER SCHON VOR DEM
ERSTEN COCKTAIL OFT FAST KARIBISCH
TÜRKISBLAU.
KIDRON STREET 44
MO - SA 9-23 UHR
WWW.CASSIS.CO.IL/EN/HOME

ton, direkt an der Küste im arabischen Ajami-Viertel gelegen. 2009 hat das Friedenszentrum eröffnet. Er selbst zog erst ein paar Jahre später ein – 2014, als in Jerusalem seine Amtszeit als Präsident Israels zu Ende ging und er noch einmal den Arbeitsplatz, aber nicht die Aufgabe wechselte.

Der Frieden war sein großes Thema als Politiker. In fast sieben Jahrzehnten seit der Staatsgründung hat Schimon Peres Israel auf allen nur möglichen Posten gedient. Er war Minister, Ministerpräsident und Staatspräsident. Den Friedensnobelpreis hat er 1994 zusammen mit Jitzchak Rabin und Jassir Arafat bekommen. Den wirklichen Frieden zwischen Israelis und Palästinensern jedoch hat er nicht erlebt. Aber über seinen Tod hinaus wird hier daran gearbeitet. Das »Peres Peace House« ist vor allem eine Begegnungsstätte für Israels jüdische und arabische Bevölkerung. Im Umweltschutz, in der Wirtschaft, in Kultur und Sport werden gemeinsame Aktivitäten gefördert. Eine Bildergalerie im Erdgeschoss zeigt Stationen aus dem Leben von Schimon Peres. Man sieht ihn als Mandoline spielendes Kind in Polen, an der Seite anderer großer Staatsmänner und schließlich im hohen Alter zusammen mit dem Facebook-Gründer Mark Zuckerberg.

Dies führt hinüber zur letzten

großen Leidenschaft von Schimon Peres: Innovation und technologischer Fortschritt. Das war sein Altersthema, darin sah er im High-Tech-Zeitalter einen neuen Weg zum Frieden. Im Laufe des Jahres 2018 soll im »Peace House« ein Technologie-Museum fertig werden, das jeden Tag für Besucher geöffnet ist. »Wir werden beweisen, dass Innovation keine Grenzen kennt«, hatte Schimon Peres zwei Monate vor seinem Tod bei der Grundsteinlegung für das Museum gesagt. »Innovation ermöglicht einen Dialog zwischen den Nationen und den Völkern.«

Der Strand

Nebeneinander im Sand
Mezizim Beach

Streng genommen ist der Strand ein leerer Streifen Sand, der ans Wasser grenzt. Doch natürlich ist er für die meisten Menschen mehr: ein Sehnsuchtsort, ein Ort der Weite und der Freiheit. Der Strand ist eine Welt für sich – und in Tel Aviv sind das sogar mehrere Welten. Den Beweis dafür liefert der Mezizim Beach im Norden. Bei einem Spaziergang kann man hier barfuß von einer Welt in die andere schlendern und zwischendurch schnell einen kühlen Drink genießen.

Seinen Namen verdankt der Strandabschnitt einem Kultfilm aus den Siebzigerjahren, in dem es grob gesagt um das Leben am Meer aus der Sicht geschlechtsreifer Kerle geht. Die Männer in dem Film haben seltsame Frisuren und tragen Sandalen, die Frauen Bikinis. Passend dazu heißt Mezizim Beach übersetzt der »Spanner-Strand«, und rund um die gleichnamige Strandbar heißt das heute: sehen und gesehen werden.

Nur ein paar Schritte vom Hedonisten-Paradies entfernt gilt genau das Gegenteil: Nichts sehen und auf keinen Fall gesehen werden, das sind die eisernen Regeln am Strand der Religiösen. Eine hohe Mauer trennt die ultraorthodoxen Badegäste von der sündigen Promenade ab. Obendrein herrscht drinnen strikte Geschlechtertrennung: An drei Tagen der Woche kommen die Frauen, an drei Tagen die Her-

ren der Schöpfung. Am Samstag, wenn die Sabbatruhe den frommen Juden das Strandvergnügen verbietet, wird für alle anderen geöffnet.

Jenseits der schützenden Mauern tobt weiter südlich gleich wieder das pralle Leben. Der Hundestrand schließt sich an. Auf die Idee, dass der Sand zum faulen Herumliegen da ist, kommen ja nur die Menschen. Für Hunde ist dies ein Paradies zum Rumrasen, Rumspringen und Rumgraben. Exklusiv gefällt das wahrscheinlich nur den Hundebesitzern, doch davon gibt es viele, sehr viele in Tel Aviv.

Noch ein Stück weiter schließlich, direkt unterhalb des klobigen Hilton Hotels, gilt der schmale Sandstreifen als Schwulenstrand. Hier herrscht wieder das alte Konzept des lässigen Liegens. Ein Treffpunkt ist dies für die Community, die im liberalen Tel Aviv Schätzungen zufolge ein Drittel der Bevölkerung ausmacht.

So ist jeder Strand anders in Tel Aviv, und jeder ist schön. Sittsamkeit trifft auf Körperkult, doch alles geht und alles fließt. Leben und leben lassen, lautet das Motto. Die Menschen am Strand mögen grundverschieden sein, ihre Welten weit voneinander entfernt. Doch hier suchen sie alle das Gleiche: Sie liegen im gleichen Sand, blicken aufs selbe Meer und schwimmen in denselben Wellen.

Blauer als das Meer

Zugegeben, ein Schwimmbecken am Strand macht auf den ersten Blick so viel Sinn wie ein Sandkasten in der Wüste. Wenn das Becken dann noch mit salzigem Wasser befüllt und der Blick aufs Meer von einem hohen Zaun vergittert wird, könnte man tatsächlich die Frage stellen, warum man dafür auch noch Eintritt bezahlen soll. Die Antwort: Weil es der Gordon Pool ist. Und der ist einzigartig.

Hinter der Gitterwelt des »Gordon« nämlich liegt ein Reich, in das abzutauchen immer lohnt. Reinspringen, losschwimmen und erst nach 1000 oder 2000 Metern im 50-Meter-Becken wieder auftauchen. Das ist der Hochgenuss der Schwim-

GORDON POOL
ELIEZER PERI STREET 14
MO - DO 6-21 UHR, FR 6-19 UHR,
SA 7-18 UHR, SO 13.30-21 UHR
EINTRITT: 68 SCHEKEL,
ERMÄSSIGT 58 SCHEKEL

galt. Also baute man den Gordon Pool und pumpte salzhaltiges Grundwasser aus 150 Metern Tiefe in die Becken. Mineralienhaltig ist es, und immer 22 Grad warm – erfrischend im Sommer und wohltuend im Winter.

Schnell wurde das Schwimmbad zu einem der beliebtesten Treffpunkte der Stadt. Auf alten Bildern drängen sich die Burschen auf dem Sprungturm und die Mädchen schauen mit angemessener Bewunderung nach oben. Fünfzig Jahre später jedoch war das Meer sauber und das Schwimmbad ziemlich marode. 2005 wurde der Gordon Pool geschlossen, und auf der neuen, schicken Strandpromenade war kein Platz mehr für ein Freibad vorgesehen.

Dann aber protestierten die Stammgäste zu Land und zu Wasser, jahrelang ging der zähe Kampf, bis der Bürgermeister schließlich ein Einsehen hatte. Seit 2009 gibt es den neuen Gordon Pool. Ein modernes, gut gepflegtes Schwimmbad inklusive Kinder- und Planschbecken, mit hölzernen Planken und Plastikliegen. »Das ist schon anders als früher«, sagt Yuval Pelter, »aber wir sind immer noch wie eine Familie hier.«

Die Burschen vom Sprungturm sind mittlerweile in die Jahre gekommen. Aber wenn die Mäd-

mer, die hier in aller meditativen Ruhe ihre Bahnen ziehen. Oder einfach hinlegen, sonnenbaden und warten, wer vorbeikommt zu einem Schwätzchen – das ist das Motto des in Ehren ergrauten Stammpublikums, das dem Gordon Pool oft schon seit Jahrzehnten die Treue hält.

»Das ist nicht einfach nur ein Schwimmbad«, sagt Yuval Pelter, der Bademeister, »das ist wie ein Zuhause.« Die Geschichte dieses Zuhauses reicht weit zurück bis in die Fünfzigerjahre, als das Meer von den noch ungeklärten Abwässern der Stadt so verschmutzt war, dass das Schwimmen als gesundheitsgefährdend

chen von damals gucken, ziehen sie den Bauch ein. Auch
das neue Bad wird noch immer
von den alten Geschichten umweht. Draußen mag sich endlos
das Meer erstrecken, und gewiss
liegt dort mehr Freiheit. Der
Gordon Pool aber bedeutet Heimat.

Auf dem Abenteuer-spielplatz
Tel Aviv Bucht

Es ist früh morgens am Bograshov Beach, und alle sind schon da: der ältere Herr in der viel zu knappen Badehose, die Frau, die immer nur rückwärts durch den Sand stakst, die Schwimm-Senioren, die Jogger und die Yoga-Jünger, und natürlich auch Joshua Levy, den alle nur »Shuki« nennen. Die aufgehende Sonne versteckt sich noch hinter dem turmhohen Orchid-Hotel, doch am Strand hat der Tag längst begonnen. Shuki grüßt nach rechts und links, denn er kennt jeden, und jeder kennt ihn. Wer früh am Strand ist, gehört sofort zur Familie.

Shuki ist Strandwächter am Bograshov Beach, seit einem Vierteljahrhundert schon. In seinem sandigen Reich ist er dafür zuständig, dass alles seine Ordnung hat. »Wie ein Polizist«, sagt er, »nur ohne Waffen.« Seine Uniform besteht aus Shorts und einem engen T-Shirt. Körperbetont, und er ist so was von braungebrannt. Die Muskeln hält er durch tägliches Training in Schuss. Liegestütze, Sit-ups und so weiter. Alles am Strand, alle können zusehen, und wer will, kann mitmachen. Ordnung muss sein, doch Spaß gehört dazu.

Die rund zwei Kilometer lange Bucht zwischen dem kleinen Yachthafen im Norden und dem Dolphinarium im Süden ist der Abenteuerspielplatz der Stadt. Jeder Strandabschnitt hat einen eigenen Namen, oft benannt

weilen schwierigen Beziehung zu jenen unsportlichen Sonderlingen, die wegen der Ruhe und des Sonnenbadens ans Meer gehen.

Doch wer will sich schon ernsthaft aufregen am Strand? Am besten sollte man es wohl mit dem alten David Ben Gurion halten, dem sie mitten auf dem Sand ein kurioses Denkmal errichtet haben. In Badehose steht der Staatsgründer dort auf dem Kopf und streckt die Beinchen in die Höh`. Erinnert wird damit daran, dass Ben Gurion früher am Strand jeden Morgen seine Feldenkrais-Übungen machte. »Ich muss auf dem Kopf stehen, damit Israel auf die Füße kommt«, hat er dazu gesagt.

Im Schatten der Ben-Gurion-Figur oder besser noch unter den kürzlich eingepflanzten Palmen findet dann am Ende jeder seinen Platz am Strand. Entspannt kann man dann dem eigenen Farbenwechsel zuschauen – vom fast sandigen Ton der Haut zu einem hellen und später allzu oft leuchtenden Rot. So tief gebräunt wie Shuki werden nur die wenigsten, und die müssen wirklich früh aufstehen. Jeden Tag. Es lohnt sich.

nach den Straßen, die hier münden – Gordon Beach, Frishman Beach, Bograshov Beach. Doch das Programm ist überall das Gleiche. Hier wird Sport getrieben vom Sonnenaufgang bis zum Untergang.

Draußen im und auf dem Wasser sind die Schwimmer und die Longboarder unterwegs, dazu noch Horden von Kitesurfern, die auftauchen, sobald der Wind sie ruft. Auf dem breiten Sandstrand ist genügend Platz für die Beach-Volleyballer, die Fußballer und die Matkot-Spieler. Dabei leben sie allerdings in einer bis-

Trommelwirbel

Es fängt langsam an, im rechten Fuß, ein Wippen, auf und ab. Dann werden die Knie beweglich, die Hüfte wird weich, und irgendwann schwingt der ganze Körper im Rhythmus, bei dem jeder mitmuss. Keine Sorge, es guckt schon keiner. Denn jeder hier ist viel zu sehr mit sich selbst beschäftigt. Mit dem Trommeln. Oder mit dem Tanzen.

Jeden Freitag am Nachmittag versammelt sich am Strand hinter dem Dolphinarium eine bunte Truppe zur wahrscheinlich ausgelassensten Sonnenuntergangs-Party diesseits von Goa. »Vor fast 20 Jahren haben wir damit angefangen«, ruft Roni Yarkoni in einen Trommelwir-

DOLPHINARIUM

bel hinein. »Wir sind immer hier, egal, ob es regnet oder schneit.« Geschneit hat es vermutlich seit der letzten Eiszeit nicht mehr, aber klar ist jetzt, dass sie es ernst meinen mit dem Feiern, und nichts und niemand kann sie davon abhalten.

Roni Yarkoni, der Veteran, erinnert sich an Freitage, »da hatten wir hier 80 Trommler und 1500 Tänzer«. Mehr als 20 Trommler sind es heute selten, und es kommen auch nicht mehr ganz so viele Zuschauer. Aber die sind auf jeden Fall willkommen, egal, ob es Tel Aviver sind oder Touristen, die noch das Handtuch um den Hals geschlungen haben. »Hier musst du gar nichts sein«, sagt Roni Yarkoni, »nicht alt, nicht jung, und nicht mal ein guter Musiker. Nur leidenschaftlich musst du sein.«

Das Dolphinarium, an dessen Graffiti-Mauern sie sich treffen, war früher ein Aquarium, dann eine Disko, dann ein Albtraum.

2001 sprengte sich in einer Schlange vor dem Club-Eingang ein Selbstmordattentäter in die Luft und riss 21 junge Leute mit in den Tod. Es war ein Freitag. Seitdem steht das Dolphinarium weitgehend leer. Es ist eine Spekulationsruine mitten auf dem Strand. Der Besitzer pokert seit Jahren schon mit der Stadt um gewinnbringende Baurechte. Bis zur Klärung darf sich immerhin die Subkultur austoben, und am Freitag wird getrommelt. Vielleicht trommeln sie auch an gegen die bösen Geister.

Je länger sie trommeln, desto mehr steigert sich der Rhythmus ins Hypnotische, Ekstatische. Die Sonne sinkt und wechselt ihre Farbe: Gold, Orange, Glutrot, bis sie schließlich postkartenkitschig im Meer versinkt. Die Ersten packen dann ihre Trommeln ein und gehen heim zum Sabbat-Dinner. Langsam kehrt Ruhe ein. Man hört das Meer, die Wellen, das große Rauschen.

40

Mit Bikini und Burkini

Auf hohen Hockern sitzen am Nachmittag all die, denen die Sonne die Haut gebräunt und die Seele gestreichelt hat. Hier können sie die Beine baumeln lassen. Fingerfood gibt es, Eiskaffee und Frozen Campari. Neben der Bar ein großes Fenster mit der Ankündigung, dass allabendlich dort die Sunset-Show zu sehen ist. Ansonsten ist der Blick frei auf den Strand, das Meer und den pittoresken Altstadthügel von Jaffa. So darf man das Leben als Glücksversprechen verstehen. Jimi Hendrix wird gespielt und auch Dave Brubeck: »Take Five«. Oder wenigstens noch ein Bier. Der Alma Beach gehört zu den ruhigeren Stränden der Stadt. Und die »Alma Beach Bar«, die

ALMA BEACH BAR
MAI – NOVEMBER VON 9 UHR BIS ZUM
SONNENUNTERGANG. IM WINTER NUR AN
SONNIGEN WOCHENENDEN.

sich an den Rundbau des beliebten Restaurants »Manta Ray« schmiegt, ist definitiv die coolste Strandbar weit und breit. Kalifornisch irgendwie. Côte d'Azur natürlich auch durch die vielen Franzosen, die sich im angrenzenden Viertel Neve Tzedek niedergelassen haben. Und sehr israelisch. Dazu noch besucht von jungen Arabern aus Jaffa. Der perfekte Mix also.

Fröhlich und friedlich gemischt geht es überhaupt in der ganzen Bucht zu, die das moderne jüdische Tel Aviv mit dem alten arabisch geprägten Jaffa verbindet. Auf den Rasenflächen hinter der Promenade versammeln sich am Wochenende die Großfamilien zum Grillfest, die jüdischen und die muslimischen. Bei beiden das gleiche Bild: Die Kinder tollen umher, die Frauen schwatzen – und immer stehen die Männer am Grill. Die Koexistenz beginnt beim Kebab.

Die Rauchschwaden ziehen, je nach Wind, bis hinüber zum Strand. Die Gruppen mischen sich nie, aber sie stören sich auch nicht. Bikini und Burkini, beides geht. Aus der Bar werden die Beach Boys hinübergeweht: »Good Vibrations«.

JERUSALEM

41

Von West nach Ost: Die Show auf Schienen

Nicht selten herrscht drangvolle Enge in der Linie 1. Die Jerusalemer fahren mit der Straßenbahn zur Arbeit, zum Shoppen und zum Beten. Sie zwängen sich mit Kinderwägen oder Zwillingskinderwägen hinein. Sitzend oder stehend versenken sie sich in ihre Zeitung und mehr noch in ihr Smartphone. Und sie verpassen dabei die große Show, die sich draußen jenseits der Panoramafenster bietet. Denn bei einer Fahrt mit der Linie 1 lässt sich perfekt der Puls dieser Stadt fühlen.

Die Bahn ist ein Jahrhundertprojekt, und das ist fast wörtlich zu nehmen. Endlos lange hat es gedauert, bis sie fertig war. Jahrelange Bauarbeiten mit Staus und

INFO: TICKETS FÜR DIE STRASSENBAHN GIBT ES AN JEDER HALTESTELLE IN DEN AUTOMATEN. EINE EINFACHE FAHRT KOSTET 5,90 SCHEKEL.

Dreck hatten die rund eine Million Bewohner der Stadt zu ertragen. Denn wenn in Jerusalem gebaut wird, dann macht das höchstens Archäologen glücklich, Stadtplaner aber können verzweifeln. Wo einer eine Schaufel in den Boden sticht, da stößt er auf die Spuren alter Zeiten. Hier wurden bei den Bauarbeiten römische Silbermünzen und Keramiken ausgegraben, jüdische Gräber sowie ein Wohnviertel aus der Zeit Jesu wurden entdeckt, dazu noch alte Badehäuser und ein Kloster aus dem 6. Jahrhundert mit armenischen Inschriften.

Als endlich alles fertig war und die Straßenbahn 2011 den Betrieb aufnahm, waren 800 Millionen Euro verbaut. 23 Haltestellen hat die bislang einzige Linie der Stadt, 45 Minuten dauert die 14 Kilometer lange Fahrt vom Herzlberg hoch oben über dem urbanen Dickicht bis nach Piskat Zeev. Die Endhaltestelle hier heißt Heil Ha-Avir, zu deutsch: Luftwaffe.

Wie alles in Jerusalem war das Projekt von Anfang an umkämpft. Nach dem Willen der Planer sollte die Bahn zum Symbol für das Zusammenwachsen der Stadt werden – eine Linie für beide Seiten, Juden und Palästinenser. Am Ende aber ist sie doch viel eher nur ein neuer Schauplatz für den alten Streit, für die alte Zerrissenheit. Denn viele arabische Bewohner sehen in ihr schlicht ein Instrument des Besatzungsregimes, weil die Züge den Westteil der Stadt mit der jüdischen Siedlung Piskat Zeev im eigentlich arabischen Osten verbinden. An den Haltestellen in den arabischen Vierteln kommt es deshalb immer wieder zu Vandalismus, und viel weniger Menschen nutzen dort die Straßenbahn als in den jüdischen Vierteln.

Der für Besucher interessanteste Teil der Strecke aber lässt diese Problemviertel außen vor. Er führt vom Mahane-Yehuda-Markt über die quirlige Jaffa Street bis zur Haltestelle City Hall, die ziemlich exakt an jener Grünen Linie liegt, die bis zum Sechstagekrieg von 1967 die Stadt in zwei Hälften geteilt hatte. Hier kommen die Zinnen der Altstadt in den Blick. Bis zum Damaskus-Tor fährt die Bahn dann parallel zu den mächtigen Stadtmauern aus osmanischer Zeit. Wer dort oder schon an der City Hall aussteigt, kann gleich einsteigen ins Abenteuer: Hier beginnt die Exkursion in die Altstadt.

Die Altstadt

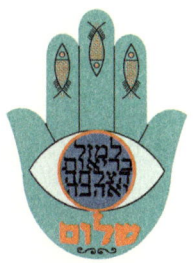

Dem Himmel so nah
Dächer-Wanderung

Heilig ist Jerusalem den Gläubigen dreier Weltreligionen, vor allem aber ist es ein heiliges Durcheinander. Die Stadt ist durchzogen von sichtbaren und unsichtbaren Mauern. Allein die nur einen Quadratkilometer große Altstadt ist in vier verschiedene Viertel unterteilt: das christliche, das armenische, das arabische und das jüdische Viertel. In diesem Gewirr der Gassen und Zuordnungen kann man leicht die Orientierung verlieren. Wer also hier den Überblick bewahren will, der muss hinauf auf die Dächer, und zwar genau da, wo die vier Viertel aufeinanderstoßen. Leicht zu finden ist der Aufstieg nicht, zumal der Weg dorthin durchs Dickicht des Basars führt.

Vom Jaffa-Tor aus geht der Weg zunächst geradeaus durch die David Street, in der die Händler ihre Kunden polyglott und besonders gern mit deutschen Sprüchen in die Läden locken, na ja, eher schon zerren. »Hereinspaziert«, rufen sie, »schauen kostet nichts«, und einer hat auch mal gerufen: »Ich liebe Bratkartoffeln.«

Aus dieser kommerziellen Nahkampfzone kann man entkommen, wenn man nach einigen hundert Metern rechts abbiegt in die Habad Street. An der nächsten Ecke schon führt eine stählerne Stiege hoch auf die Dächer, wo sich ein Fußweg in eine ganz andere Welt mit ganz anderer Stimmung eröffnet.

Nun ist man mit den Satellitenschüsseln, den Wassertanks und dem Kabelgewirr auf Augenhöhe. Manches an Müll liegt herum, ein ausrangiertes Sofa zum Beispiel, dreibeinige Stühle, Pappe und Papier. Katzen streifen durchs Revier, vor allem aber ist dies ein Abenteuerspielplatz für die Altstadtkinder, die auf der Flachdach-Landschaft mit robusten Fahrrädern steinerne Stufen herunterdonnern oder sich im Parcours üben, jenem halsbrecherischen Sport, bei dem Mauern und sonstige Hindernisse auf akrobatischste Art überwunden werden.

Der Blick ist beglückend, das Alltagsleben hat man ebenso vor Augen wie die religiösen Stätten – die Goldkuppel des Felsendoms, die Grabes- und Erlöserkirche, die Davidzitadelle mit der aufgepflanzten israelischen Fahne. Über allen Wipfeln ist zwar auch hier keine Ruh. Man bleibt umgeben vom Geläut der Glocken, vom Hahnenschrei und dem Ruf des Muezzins. Aber kaum irgendwo sonst in der heiligen Stadt ist man dem Himmel so nah.

Nächtliche Grabwache

GRABESKIRCHE
IM SOMMER TÄGL. 5-21 UHR,
IM WINTER 4-20 UHR

TIPP

EINEN BESUCH WERT IST BEI TAG DAS
DORF DER ÄTHIOPISCHEN MÖNCHE, DIE
SICH AUF DEM DACH DER GRABESKIRCHE
EINGERICHTET HABEN. AUFGANG IST
AUF DEM VORPLATZ RECHTS NEBEN DEM
HAUPTEINGANG. ES GIBT DORT AUCH EINEN
ANDENKENLADEN MIT AFRIKANISCHEM
TAND.

Wenn sich der Abend über Jerusalem herabsenkt, dann ist die Altstadt schnell menschenleer. Die Souvenirhändler lassen ratternd die schweren Gitter vor ihren Geschäften herunter, auf dem ausgetretenen Pflaster hallen nur noch selten Schritte. Die Pilger aus aller Welt sitzen längst schon zum Abendbrot in ihren Unterkünften. Zeit also, auch den vielleicht heiligsten Ort der Christenheit abzuschließen, die Grabeskirche.

Wenn sich nach dem immer gleichen alten Ritus der mächtige Eisenschlüssel im Schloss der Flügeltür umgedreht hat, dann bleiben bis zum Morgen nur die Mönche zurück – und mit ihnen eine Handvoll Gäste, die

sich zur nächtlichen Grabwache einschließen lassen können. Die Genehmigung dafür gibt es auf Anfrage in der Kirche, deutsche Christen können einfach in die Sakristei der Franziskaner gehen und dort um Erlaubnis bitten. Formlos geht das, aber ein wenig furchtlos sollte man schon sein.

Gleicht die Grabeskirche am Tag einem Jahrmarkt, der von 1,5 Millionen Besuchern im Jahr heimgesucht wird, so ist sie in der Nacht ein Ort fast absoluter Ruhe. Grabesruhe eben. Plötzlich steht der Mensch ganz klein in dieser riesigen Kirche, deren Anfänge unter Kaiser Konstantin im 4. Jahrhundert liegen. Vergessen ist all der Trubel des Tages und fürs Erste auch der unfromme Streit, den die Vertreter der sechs in der Grabeskirche vertretenen Konfessionen seit je pflegen.

Erst nachts wird klar, wie viele dunkle Ecken es in diesem Gotteshaus gibt. Im Kerzenlicht kann man Graffiti an den Wänden finden: »Merci Jesus« steht da oder »Forever«. Oben, die Treppe hoch, in Golgatha, wo die Griechisch-Orthodoxen ein goldenes Kreuz über jenem Fels errichtet haben, auf dem das Kreuz für Jesus gestanden haben soll, wird jetzt geputzt. Ein scharfer Geruch liegt in der Luft.

Unten verteilen sich die Pilger auf möglichst abgelegene Orte, Altäre gibt es ja wahrlich genug. Ein jeder sucht nach Ruhe für seine Gedanken und Gebete. Irgendwann aber findet jeder den Weg zum Grab. Dieses leere Felsengrab, das heute unter einer frisch renovierten Kapellenkuppel liegt, ist der Ur-Mythos des Christentums: Hier wurde der Leichnam Jesu bestattet, hier ist er auferstanden von den Toten.

Tagsüber werden die Besucher von Türstehern in Ordenskluft rüde durchgescheucht. Nun aber, in der Nacht, ist endlich Platz und Zeit zur innigen Andacht. Wer nur einen Funken Spiritualität in sich verspürt, der wird im flackernden Kerzenschein von der Aura dieses Ortes gefangen sein.

Doch selbst der Grabesruhe sind Grenzen gesetzt – je später die Nacht, desto lauter die Gebete. Von Mitternacht an nämlich feiern die Mönche ihre Messen. Der Zeitplan dafür ist im sogenannten Status-quo-Abkommen von 1852 festgelegt, das alle Besitz- und Nutzungsrechte der verschiedenen christlichen Glaubensrichtungen in der Kirche exakt festschreibt. Minutiös ist darin auch geregelt, wer wann wo beten darf. Nachts am Grab sind erst die Griechisch-Orthodoxen dran, dann die orthodoxen Armenier, dann die Katholiken.

Choräle wechseln sich mit Gebeten ab, Weihrauchschwaden ziehen durchs Gemäuer, und wenn in der Morgendämmerung mit dem mächtigen Eisenschlüssel die Flügeltür wieder geöffnet wird, dann herrscht durchaus Bedarf an frischer Luft. Ein neuer Tag bricht an, und alles beginnt von vorn. Bis in alle Ewigkeit.

Das Geheimnis der heiligen Erde

ARCHÄOLOGISCHER PARK
IN DER ERLÖSERKIRCHE
MURISTAN ROAD
MO - SA 9-12 UND 13-15.30 UHR
EINTRITT: 15 SCHEKEL
(KOMBITICKET FÜR TURM, MUSEUM
UND ARCHÄOLOGISCHER PARK)
WWW.DEIAHL.DE

TIPP

DAS ZUR KIRCHE GEHÖRENDE CAFÉ
KREUZGANG LÄDT ZUM AUSRUHEN UND ZUR
STÄRKUNG IN BEZAUBERNDER UMGEBUNG
EIN. MO - SA 10-17 UHR GEÖFFNET.

Schon am frühen Morgen ist der Mann staubverkrustet. »Alles heilige Erde«, sagt Dieter Vieweger fröhlich und eilt die Stufen hinunter in sein unterirdisches Reich. 14 Meter geht es hinab unter der Erlöserkirche in Jerusalems Altstadt. »Hier können wir 2000 Jahre Geschichte des Christentums verdeutlichen«, sagt der deutsche Archäologe. Durch mächtige Steinquader windet sich ein kleiner Pfad. Ende 2012 hat Vieweger unter dem Gotteshaus einen archäologischen Park für all jene eröffnet, die in der Heiligen Stadt den Fußstapfen Jesu und noch manch anderen Spuren folgen wollen.

Wer in Jerusalem gräbt, der fin-

det weit mehr, als er sucht. So war es schon Ende des 19. Jahrhunderts, als der deutsche Kaiser Wilhelm II. – nur einen Steinwurf von der Grabeskirche entfernt – in der Altstadt die evangelische Erlöserkirche erbauen ließ. Grund und Boden dafür hatte der osmanische Sultan dem preußischen Königshaus geschenkt. Der Kaiser ließ die am Reformationstag 1898 eingeweihte Kirche auf den Ruinen der Kreuzfahrerkapelle St. Maria Latina errichten – und zeigte sich beglückt, als bei den Bauarbeiten eine der großen Zweifelsfragen der Christenheit gelöst wurde. Denn es wurde eine Mauer entdeckt, die als Stadtmauer aus der Zeit von Herodes dem Großen,

also aus den Jahren um Christi Geburt identifiziert wurde.

Eine Sensation war das deshalb, weil damit die Authentizität der heiligen Stätten der benachbarten Grabeskirche – also des Kreuzigungshügels Golgatha und des Felsengrabs Jesu – geklärt zu sein schien. Schließlich war jetzt bewiesen, dass dieser Ort tatsächlich – wie in der Bibel erwähnt – außerhalb der damaligen Stadtmauern gelegen hatte. »Die Katholiken fühlten sich bestätigt, die Protestanten waren glücklich, das große Problem ist nur, dass das alles nicht stimmte«, sagt Vieweger.

Als die Erlöserkirche 1970 renoviert werden musste, wurde klar, dass es sich bei dem gefeierten

Fund nicht um die Stadtmauer, sondern um eine Stützmauer handelte, die zu einem Steinbruch gehörte. Mit der neuen Erkenntnis stürzten alte Gewissheiten ein, doch heute kann der Direktor des Deutschen Evangelischen Instituts für Altertumswissenschaften im Heiligen Land Entwarnung geben. Archäologie, sagt Vieweger, sei »Kriminalarbeit«, und Stein um Stein hat er unter der Erlöserkirche nun auch entschlüsselt, dass die Grabeskirche der falsch georteten Stadtmauer zum Trotz in jedem Fall außerhalb des alten Stadtgebiets liegt. »Golgatha ist richtig geortet«, sagt er, »aber die Via Dolorosa ist Quatsch.« Denn wenn Jesus tatsächlich diesen Weg mit seinem Kreuz genommen hätte, »dann hätte er mit dem Kopf zweimal durch die Stadtmauer durchgemusst.« Dies erschließt sich, wenn man unter dem Mittelschiff der Erlöserkirche in die Tiefe geht.

Die Besucher des Archäologie-Parks bekommen Einblicke in die wechselvolle Geschichte dieses Orts und dieser Stadt – vom herodianischen Steinbruch über Gärten aus der Zeit Jesu bis hin zu Mauern des byzantinischen Marktplatzes und dem Mosaikfußboden der Kreuzfahrerkirche aus dem 12. Jahrhundert.

Eine Überraschung bot sich den Archäologen überdies, als sie eine Kupferschatulle öffneten, die Kaiser Wilhelm zur Grundsteinlegung hinterlassen hatte. Denn neben der Bau-Urkunde, einer Bibel und den 95 Thesen des Martin Luther fand sich darin eine Frauenlocke. »Blond«, sagt Vieweger, »und die Kaiserin war schwarz.« Weil die Archäologie ihm zufolge »das Recht und die Pflicht zur Phantasie hat«, darf über die Herkunft spekuliert werden. »Auch eine heimliche Geliebte des Kaisers ist nicht auszuschließen«, meint Vieweger lachend.

Kreuz-Schmerzen
Via Dolorosa

»Wenn einer mir nachfolgen will, so verleugne er sich selbst und nehme sein Kreuz auf sich«, spricht der Herr im Evangelium nach Markus – und Masen Kanaan hat Jesus beim Wort genommen. Für einen Muslimen ist das vielleicht keine Selbstverständlichkeit, doch Kanaan folgt dem Dreiklang von Glaube, Hoffnung und Geschäft: Er ist der Mann, der in Jerusalem die leidsuchenden Pilger mit Holzkreuzen für ihren Passionsweg auf der Via Dolorosa versorgt. Tagein, tagaus steht er an der ersten Station des Kreuzweges bereit. Und wenn die Geschäfte, nun ja, schleppend laufen zwischendurch, hat er wenigstens eine Gewissheit: Am Karfreitag wird alles gut.

Auf der Via Dolorosa, die sich 700 Meter lang durch die Altstadt schlängelt, herrscht in der Woche vor Ostern Hochsaison. Doch regen Betrieb mit leidvollem Schaulaufen gibt es hier ganzjährig. Die Attraktion sind oft die Besucher selbst, die bunten Gruppen aus aller Welt, die in der engen Gasse ihre jeweilige Form der Frömmigkeit zelebrieren.

Die Familie Kanaan besitzt seit Generationen das Monopol beim Kreuz-Verleih. Schon in osmanischer Zeit wurden sie von den christlichen Konfessionen mit dieser Aufgabe betraut, weil die sich nicht hatten einigen können, wer von ihnen diese Rolle übernehmen könnte. Ob es eine Ehre ist oder doch mehr eine Last,

will Masen Kanaan nicht sagen. »Das ist uns halt aufgetragen, das kann man nicht ändern.« An die 50 Kreuze hat er im Sortiment, dicht an dicht aufgereiht in einem lichtlosen Lagerraum auf der Via Dolorosa, Hausnummer 29. »Alles Olivenholz«, erklärt er, »in zwei Gewichtsklassen: Die alten Kreuze wiegen 40 Kilo, die neuen 20 bis 22.«

Sein Geld verdient Masen Kanaan aber nicht mit Leihgebühren, sondern mit Fotos, die er von den bepackten Pilgern entlang des Weges macht. Wen das Kreuz schmerzt, der darf obendrein auf seine Hilfe zählen. »Alten Frauen oder alten Männern nehme ich das schon mal ab«, sagt er. Die meisten aber tragen ihr Kreuz allein über die Via Dolorosa, vorbei am »Holy Rock Café« und all den Souvenirhändlern, die auch Dornenkronen im Angebot halten.

An der Grabeskirche angekommen, deponieren die Pilger das Kreuz neben dem Eingangsportal. Die letzten fünf Stationen des Kreuzwegs befinden sich in der Basilika. Die Gläubigen erklimmen die abgewetzten Stufen hoch nach Golgatha und steigen dann hinunter zum leeren Grab. Masen Kanaan aber muss Kreuz für Kreuz zurückschleppen in sein Lager. Er ist wohl der wahre Schmerzensmann der Via Dolorosa, ein muslimischer Sisyphus, der jeden Tag aufs Neue die Kreuze auf sich nimmt.

STRASSENBAHN LINIE 1 BIS DAMASCUS GATE

Nach Strich und Faden

In »Adhams Barber Shop« lässt die arabische Altstadtjugend Haare. Zumeist kommen ziemlich verwegene Frisuren heraus, gerade wird der Irokesenschnitt recht gern genommen. Doch neben Waschen, Schneiden, Föhnen hat Adham noch eine weitere Spezialität im Angebot: Zupfen.

Seit 13 Jahren betreibt er sein Geschäft auf zwei engen Stockwerken einer Altstadtgasse. Die Ältesten seiner zehn Kinder sind schon mit im Laden, und lernen können die Söhne vom Vater unter dem Neonlicht neben dem Umgang mit der Schere noch die alte Technik des Fadenzupfens. Das findet zwar auch in Deutschland bisweilen in man-

ADHAMS BARBER SHOP
EL-KHANQA STREET 51, SCHRÄG
GEGENÜBER DER 8. STATION DES
LEIDENSWEGES AUF DER VIA DOLOROSA.
TÄGL. AUSSER MO VON 10 UHR MORGENS
BIS ZUM LETZTEN KUNDEN AM ABEND.

TIPP

LINA RESTAURANT
HIER GIBT ES DEN VIELLEICHT BESTEN
HUMMUS DER STADT, DAZU KNUSPRIGE
FALAFEL UND CREMIGES LABANEH.
EL-KHANQA-STREET 42
TÄGL. 8-16.30 UHR

Man muss sich nur zurückfallen lassen in einen von Adhams Frisörstühlen. Ganz entspannt. Wer kann schon Angst haben vor einem dünnen Bindfaden? Adham nimmt die Fadenrolle, zieht sich den Faden durch die Schneidezähne, schlingt ihn um beide Hände, formt dazwischen zwei Schlaufen – los geht's. Autsch!

Mit seiner flotten, von den Zähnen aus rhythmisch gesteuerten Fadentechnik zupft Adham die Haare mit der Wurzel aus. Das kann gehörig zwicken, doch es ist der Leiden wert. Denn hinterher, wenn Adham auch noch den letzten Flaum mit der Flamme eines Einwegfeuerzeugs versengt und alles sanft mit einer in Alkohol getunkten Watte abgetupft hat, ist die Haut glatt wie ein Pfirsich. »Sechs Monate hast du nun Ruhe«, sagt Adham zum Abschied, »dann musst du wiederkommen.«

chen Beautysalons Anwendung, für makellose Augenbrauen zum Beispiel. Aber die Heimat der Härchenzupfer ist hier im Orient – und die Zielgruppe sind vor allem die Männer. Mit dem Faden wird der Wildwuchs im Gesicht bekämpft bis hin zum Inneren der Nasen und der Ohren. So viel Gründlichkeit muss sein.

Apfelstrudel mit Ausblick

»Was unseren Kaffee angeht«, sagt Schwester Bernadette Schwarz, »da stehen wir in gutem Ruf.« Beste Arabica-Bohne, ist ja klar. Doch in diesem Fall hat die Bohne einen weiten Umweg gemacht: über Wien. Denn nichts anderes als Julius-Meinl-Kaffee kommt hier auf den Tisch, und dazu wird gern ein Apfelstrudel gereicht, mit Schlagobers natürlich.

Das »Austrian Hospice«, ein traditionsreiches Pilgerhaus im arabischen Viertel der Altstadt, ist ein Exot im Orient. »Wir versuchen hier ein Stück Österreich zu verwirklichen«, sagt Schwester Bernadette, die Vize-Rektorin des Hauses. Doch wer die Pforte durchschreitet, landet nicht nur

ÖSTERREICHISCHES HOSPIZ
VIA DOLOROSA 37
WWW.AUSTRIANHOSPICE.COM

in einem anderen Land, sondern auch in einer anderen Zeit. Im Kaffeehaus mit den roten Polstersitzen, den Marmortischen und den Lüstern fürs gedämpfte Licht grüßt Kaiser Franz Joseph von den Wänden, und seine Sisi lächelt huldvoll aus dem Nachbarrahmen.

Der alte Kaiser, der unter seinen vielen Titeln auch den des »Königs von Jerusalem« führte, wird hier als Gründervater verehrt. In der Anfangszeit seiner jahrzehntelangen Regentschaft wurde 1863 das Pilgerhaus als austriakischer Vorposten im Heiligen Land eröffnet. 1869 schaute der Kaiser persönlich vorbei, als er eine Reise zur Eröffnung des Suez-Kanals mit einer Pilgertour nach Jerusalem verband. In Briefen an die Frau Gemahlin hat er sich damals sehr angetan gezeigt von der Gemütlichkeit so fern der Heimat.

Das waren noch die glücklichen Zeiten. Von den Wirren der Weltpolitik blieb später auch das Pilgerheim nicht verschont. Im ausgehenden Ersten Weltkrieg wurde das Hospiz zum Waisenhaus, später zum britischen Internierungslager, schließlich zum Lazarett. Fast ein Jahrhundert nach Franz Joseph I. kam so ein weiterer Monarch ins Haus, unter tragischen Umständen allerdings. Der jordanische König Abdullah I. verstarb hier 1951, nachdem ihn ein palästinensischer Extremist beim Besuch der Al-Aksa-Moschee niedergeschossen hatte.

Nach der Eroberung der Altstadt durch israelische Truppen im Sechstagekrieg von 1967 dauerte es noch einmal mehr als zwei Jahrzehnte, bis das Österreichische Hospiz seine ursprüngliche Rolle einnehmen konnte. Seither aber werden hier wieder Gäste bewirtet und Zimmer vermietet. Der Garten rings ums Haus ist eine Oase im lärmenden Betrieb der Altstadt, von der Dachterrasse aus lassen sich die besten Selfies vor atemberaubender Kulisse schießen. Und nicht zuletzt dient das Pilgerheim als eine der raren Begegnungsstätten in Jerusalem. »Wir sind neutral und ein Haus, in das sich ein jeder hineintraut«, sagt Schwester Bernadette. »Zu uns kommen Christen, Muslime und Juden.«

So wird der Apfelstrudel zum kleinsten gemeinsamen Nenner in Nahost. Bis zum endgültigen Frieden könnte man hier sitzen und Kaffee trinken, von Julius Meinl natürlich.

Die Bagel-Frage

»Bagele, Bagele«, ruft Adnan Slemih und stemmt sich mit der Stimme gegen all den Lärm ringsum. Sein Laden misst einen Quadratmeter Verkaufsfläche, es ist Essen auf Rädern, denn die frischen Backwaren verkauft er direkt vom kleinen Rollwagen aus. Jeden Tag schiebt er ihn vor das Zionstor. »Seit 12 oder 13 Jahren schon ist das mein Platz«, sagt er. Und seine »Bagele«, das erzählt er mit Stolz, sind international beliebt. Zur zufriedenen Kundschaft zählen Juden und Araber und Touristen aus aller Herren Länder.

Adnan Slemih, 50 Jahre alt und vom Leben älter gezeichnet, ist einer der vielen fliegenden Händler, die in der Altstadt die be-

TIPP

BACKREZEPT FÜR DEN JERUSALEM-BAGEL:
WWW.FROMTHEGRAPEVINE.
COM/ISRAELI-KITCHEN/RECIPES/
HOW-MAKE-JERUSALEM-BAGELS

rühmten Jerusalemer Bagel verkaufen: süßliches, längliches Brot mit einem Loch in der Mitte, mit Sesam bestreut und am leckersten, wenn man es in die Gewürzmischung Zatar tunkt. An guten Tagen verkauft er 120 Stück, an schlechten 70 – und an ganz schlechten zahlt er 500 Schekel Strafe, weil er keine Lizenz zum Verkauf hat. »Wo soll ich denn anderswo Arbeit finden?«, fragt er und kommt am nächsten Tag wieder zum Zionstor.

Der Bagel zählt zu den Klassikern der jüdischen Backkultur, in ersten Quellen ist er anno 1610 in Krakau belegt. Die Juden aus Mittel- und Osteuropa brachten ihn im frühen 20. Jahrhundert in die USA, von wo aus er seinen Siegeszug kugelrund um die Welt antrat, gern im Verbund mit Streichkäse. Doch ausgerechnet in Jerusalem hat sich heute ein Bagel durchgesetzt, der mit dem ursprünglichen Backwerk nicht viel mehr gemein hat als das Loch in der Mitte. Und gebacken wird er in arabischen Kellerbackstuben in der Altstadt.

Wahrscheinlich ist der Jerusalemer Bagel ein Verwandter des libanesischen Kaak-Brotes. Doch wem der Bagel gehört, sollte eigentlich unwichtig sein, solange er allen schmeckt. Adnan Slemih jedenfalls pflegt eine salomonische Sicht aufs Gebäck: »Die Juden haben den Bagel wohl erfunden, aber wir Araber haben ihn verbessert.«

49

EGGED-BUSSE 38, 204, 231, 232, 234 BIS ZION GATE/HATIVAT YERUSHALAYIM

Der gute Deutsche

Als Oskar Schindler mit 66 Jahren starb, da hat er wenig hinterlassen außer einem letzten Wunsch: Er wollte in Jerusalem begraben werden – »da wo meine Kinder sind«. Die Kinder, das waren die Nachkommen jener Menschen, die er vor dem Tod im Holocaust bewahrt hatte. »Der unvergessene Lebensretter 1200 verfolgter Juden« – so steht es auf seinem Grabstein geschrieben. Doch allzu oft kommt hier keiner mehr vorbei.

Oskar Schindlers Grab auf dem katholischen Friedhof am Zionsberg liegt etwas abseits der touristischen Routen. Es ist mit einer schlichten Steinplatte abgedeckt, auf der von Besuchern nach jüdischem Brauch kleine

FRANZISKANER-FRIEDHOF
AUF DEM ZIONSBERG
MO - SA 8-12 UHR

Steinchen abgelegt werden und manchmal auch Blumen. Man kennt das Grab vom Finale des berühmten Steven-Spielberg-Films *Schindlers Liste*: Da ziehen die Schauspieler und die realen Überlebenden gemeinsam in einer endlos langen Schlange am Grab vorbei.

Spielbergs Film von 1993 hat Schindler ein Denkmal gesetzt, doch im wirklichen Leben war er am Ende kein strahlender Held, sondern ein gebrochener Mann. Während des Kriegs, da hatte der »Herr Direktor«, wie ihn alle nannten, die ihm anvertrauten jüdischen Zwangsarbeiter in seiner Munitions- und Emaillefabrik in Polen mit großem persönlichen Mut vor dem

Tod bewahrt. Doch nach dem Krieg konnte er selbst nirgends mehr Fuß fassen. Im argentinischen Exil ging er als Biberrattenzüchter pleite, er kehrte nach Deutschland zurück, scheiterte auch dort mit dem Aufbau einer Zementfabrik und sprach noch kräftiger als früher dem Alkohol zu.

Zu den fast einzigen Lichtblicken in seinem Leben wurden die Reisen nach Israel. 1961 kam er zum ersten Mal, insgesamt 17 Mal besuchte er das Land bis zu seinem Tod 1974. In Yad Vashem, der Holocaust-Gedenkstätte, hat er in der Allee der Gerechten eigenhändig einen Baum gepflanzt. Er wurde in Israel verehrt, und bei all seinen Besuchen sorgten die »Schindlerjuden«, wie sich die Überlebenden selber nannten, in Dankbarkeit stets dafür, dass es ihm an nichts fehlte.

Mehr als sieben Jahrzehnte nach Kriegsende jedoch sind nur noch sehr wenige der von ihm Geretteten am Leben. Aber wenn man ganz viel Glück hat, dann kann man die letzten von ihnen vielleicht sogar an Schindlers Grab treffen. Genia und Nahum Manor zum Beispiel kommen hierher, sooft es geht. Sie hatten sich damals in Schindlers Fabrik kennen- und lieben gelernt, und zeitlebens haben sie ihren Retter in höchsten Ehren gehalten. Sogar ihre goldene Hochzeit haben sie an seinem Grab gefeiert, zusammen mit ihren Kindern und Enkeln. »Wir haben dort eine Flasche Wodka geleert«, erzählt Nahum Manor, »und dem Herrn Direktor haben wir auch etwas abgegeben, er hat ja gern getrunken.«

Der arabische
Osten

50

Kunst im Grenzbereich

Die Fensterbögen zubetoniert, die Balkone kriegsversehrt und die Fassade voller Einschusslöcher – so sieht ein Museum aus, das sich in Jerusalem den Fragen von Frieden und Koexistenz verschrieben hat. Das »Museum on the Seam«, das genau dort steht, wo bis 1967 die Front in der geteilten Stadt verlief, will Juden und Araber mithilfe zeitgenössischer Kunst zusammenbringen. »Die Kunst kann einen Wandel bringen, viel mehr, als die Leute glauben«, sagt Raphie Etgar, der Gründer und Leiter des Hauses.

Mit seinen aufrüttelnden Ausstellungen hat er es schon auf die Museums-Bestenliste der *New York Times* gebracht. 1999

MUSEUM ON THE SEAM
CHEL HANDASSA STREET 4
MO, MI, DO 10-17 UHR, DI 14-20 UHR,
FR 10-14 UHR
EINTRITT: ERWACHSENE 30 SCHEKEL,
STUDENTEN UND RENTNER 25 SCHEKEL
WWW.MOTS.ORG.IL/ENG

hat er das Haus übernommen und ein »sozio-politisches Museum für zeitgenössische Kunst« daraus gemacht. Er sieht darin einen »Leuchtturm« für Jerusalem. 1947 wurde er hier geboren, hier hat er Kunst studiert und sich als Posterdesigner einen Namen gemacht. In zwei Kriegen, 1967 und 1973, war er Panzerkommandant. Heute kämpft er für den Frieden. Die Kunst hat für ihn dabei an vorderster Front zu stehen. »Wir sind nicht für die Juden und nicht für die Araber, wir versuchen, Frieden zu schließen, und das geht nicht mit Hass«, erklärt er.

Eingängig sind die Ausstellungen nicht, die Raphie Etgar in seinem Museum kuratiert. Er will Fragen aufwerfen, zum Nachdenken anregen und verstören.

Die Liste der bereits ausgestellten Künstler kann sich sehen lassen. Anselm Kiefer ist dabei und Andreas Gursky, Jenny Holzer und Bruce Nauman, Menashe Kadishman aus Israel – dazu zahlreiche Künstler aus der engen palästinensischen und der weiten muslimischen Welt, aus Marokko, Ägypten, Afghanistan, Irak und Iran. »Die würden in kein anderes Museum in Israel gehen, aber zu uns kommen sie, weil wir eine ausbalancierte Sicht bieten«, sagt Etgar.

Die Balance zu halten ist wohl die wichtigste Voraussetzung, wenn man sich »on the seam« bewegt, auf der Nahtstelle. Die Geschichte dieses Hauses weist überdeutlich auf die Gefahren des Absturzes hin. 1932 war die Villa als Zuhause einer arabischen Architektenfamilie erbaut worden, 1948 nach dem Unabhängigkeitskrieg zum Stützpunkt der israelischen Armee mutiert, die von hier aus die auf der anderen Seite der Trennlinie postierten jordanischen Truppen in Schach hielt. Die Atmosphäre jener Jahre lässt sich noch nachempfinden, wenn man von den Ausstellungsräumen aus durch die engen Schießschachte blickt, die beim Zumauern der Fenster offen gelassen wurden.

Einen weit besseren Blick über die Stadt hat man jedoch vom Dach des Museums aus. Man blickt auf die Kirchtürme, die Moscheen und die Synagogen. Auf der einen Seite sieht man die ultra-orthodoxen jüdischen Frauen des Viertels Mea Shearim, wie sie, mit keuschem Kopftuch, die Wäsche auf den Balkonen aufhängen. Und auf der anderen Seite sieht man die muslimischen Frauen aus Scheikh Jarrah, die, mit keuschem Kopftuch, ihre Kinderwagen durch die Straßen schieben. Das ist das Leben in Jerusalem.

Tausendundein Buch

Für einen kleinen Schreibtisch ist noch Platz. An der Stirnseite des Raums, mit dem Büchertisch vor Augen und den raumhohen Regalen rechts und links und gegenüber im Blick, sitzt Ahmad Muna und tut das, was er am liebsten tut: Er liest. »Seit ich ein Kind war, bin ich immer von Büchern umgeben«, sagt er. Was für ein Glück, dass er daraus eine Profession gemacht hat. Willkommen in seiner Welt, der Welt von 1001 Büchern.

Der kleine »Bookshop« im American Colony Hotel trägt lange schon zum Mythos bei, der dieses Haus umweht. Hier steigen die Berühmten, die Schönen und die Bedeutenden ab: Uma Thurman und Ingrid Bergman stehen auf

BOOKSHOP IM AMERICAN COLONY HOTEL
LOUIS VINCENT STREET 1
TÄGL. 10-20 UHR

TIPP

ZWEI DINGE SOLLTE MAN IM AMERICAN
COLONY HOTEL NICHT VERPASSEN:
TAGSÜBER EINE KAFFEE- ODER
ERFRISCHUNGSPAUSE IM LAUSCHIGEN
GARTEN, AM ABEND EINEN DRINK
IN DER BERÜHMTEN KELLERBAR.

der Ehrentafel in der Lobby, Marc Chagall und Sting. Dazu aus den Höhen der Macht Sir Winston Churchill, Michail Gorbatschow oder Jimmy Carter. Und die Politiker sind nicht nur gern zu Gast, Politik wird in diesem altehrwürdigen Gemäuer auch gemacht. 1992 zum Beispiel, als sich im American Colony Hotel die Vertreter Israels mit den Abgesandten der Palästinenser zu Gesprächen trafen, die schließlich ein Jahr später zum Friedensvertrag von Oslo führten.

Dass aus diesem Friedensvertrag furchtbar wenig geworden ist, das kann man heute im Buchladen sehen. Denn hier findet sich auf Englisch (und manchmal sogar auf Deutsch) die wahrscheinlich beste Auswahl des Landes zum nahöstlichen Konflikt. Doch nicht nur die harte und oft trostlose Politik ist hier ein Thema, sondern auch die Literatur von beiden Seiten: von Amos Oz und David Grossman, von Edward Said und Mahmoud Darwish. Dazu gibt es Reiseführer und Kochbücher.

Der »Bookshop« ist ein Anziehungspunkt für alle in Jerusalem lebenden Ausländer, für Diplomaten, Mitarbeiter von Hilfsorganisationen und Journalisten. Die Familie Muna hat ihn vor einigen Jahren vom legendären Gründer Munther Fahmi übernommen. Der hat nach endlosen Problemen mit den Behörden entnervt das Land verlassen, doch sein Projekt immerhin lebt weiter. Regelmäßige Lesungen gibt es hier und Diskussionsrunden. Für Ahmad Muna soll es viel mehr sein als ein Buchladen. »Wir wollen eine Kulturszene in Ostjerusalem schaffen«, sagt er. »Das fehlt hier.«

Der richtige Ton

»Ein bisschen stickig ist es hier«, sagt Neshan Balian und schließt die Tür auf zu einer anderen Zeit. Im familieneigenen Museum der »Palestinian Pottery« präsentiert er alte Vasen, vom Vater getöpfert und von der Mutter bemalt. Er zeigt die Wandteller mit dem Konterfei des längst verstorbenen Königs Hussein von Jordanien und auch jene tönernen Bierkrüge, die ein Renner bei den britischen Soldaten der Mandatszeit waren, weil auf dem Grund eine Nixe sichtbar wird, sobald das Bier ausgetrunken ist. Wertvoller jedoch als alles andere sind ein paar kleine, farbige Kacheln. »Die stammen original vom Felsendom«, sagt er stolz. »Das sind Sammlerstücke,

PALESTINIAN POTTERY
NABLUS ROAD 14
MO - SA 8-17 UHR
WWW.ARMENIANCERAMICS.COM

die man für Tausende Dollar im Internet finden kann.«

Wegen dieser Kacheln wurde sein Großvater vor rund 100 Jahren ins Land geholt. Der Felsendom, die heilige Stätte des Islam, zeigte sich arg heruntergekommen. Doch rings um Jerusalem waren keine Experten für die Restaurierung des kunstvoll gekachelten Bauwerks auf dem Tempelberg zu finden. Also holte man die Familie Balian aus Armenien. »Und dann konnten sie nicht mehr zurück wegen des Genozids an den Armeniern«, sagt der Enkel.

1922 hat der Großvater die »Palestinian Pottery« gegründet, und bis heute, in der dritten Generation, ist das Geschäft eine Instanz in Ostjerusalem. Verkauft wird »armenische Keramik«, die es nirgendwo anders gibt – auch nicht in Armenien. »Das ist armenisch aus Jerusalem, die Kombination ist das Besondere«, erklärt Neshan Balian. So besonders übrigens, dass zum Beispiel das Smithsonian Museum in Washington Marie Balian, der Mutter des heutigen Firmenchefs, in den Neunzigerjahren eine Einzelausstellung gewidmet hat.

Das war ein Highlight, doch immer wieder waren die Zeiten hart. In den Vierzigerjahren zum Beispiel war die Lage so hoffnungslos, dass die hölzernen Fensterrahmen verbrannt wurden, um den Töpferofen zu befeuern. Auch heute bleiben die Kunden aus, wenn es in der Stadt mal wieder unruhig wird. Obendrein drückt noch der unlautere Wettbewerb aufs Geschäft. »In Hebron kopieren sie unsere Waren«, klagt Balian. »Da wird alles nur aufgedruckt, doch damit haben sie den Markt in der Altstadt komplett überflutet.«

Wie Handarbeit aussieht, kann man in der Werkstatt der »Palestinian Pottery« beobachten, wo die Töpferware mit schnellem Pinselstrich bemalt wird. Vorn im Laden stehen dann die kunstvollen Kacheln und die Vasen, die Dosen und die Schalen zum Verkauf. Die wunderschönen Ornamente leuchten in Rot, in Blau und in Türkis. Man kann das inzwischen natürlich alles auch übers Internet bestellen. Doch viel schöner ist es, Neshan Balian in seinem Laden zu besuchen.

Der jüdische
Westen

53

STRASSENBAHN LINIE 1 BIS JAFFA-CENTER

Gut behütet

FERSTER HATS
MEA SHEARIM STREET 11
WWW.FERSTERHATS.COM

Morgens in Mea Shearim: Mit wehenden Rockschößen und Schläfenlocken hasten die Männer durch die Straßen. Eilig haben sie es, heilig ist ihre Pflicht: Denn die Bewohner des ultra-orthodoxen Viertels von Jerusalem verbringen ihre Tage zumeist in der Jeschiwa, der Religionsschule. Haredim, die Gottesfürchtigen, nennen sich die Frommen selbst, und gut behütet gehen sie ihren Weg. Dafür sorgt Itzhak Ferster.

Ferster ist der Hutmacher von Mea Shearim. Mehr als 70 Jahre ist er alt, von kräftiger Erscheinung, mit Rauschebart und grauem Schläfenhaar, das sich bis zu den Schultern lockt. Wer ihn in seinem Geschäft auf der Haupt-

straße des Viertels besucht, kann viel lernen über das Leben der Anderen, also über das der Haredim. Weitgehend abgeschottet leben sie in ihrer eigenen Welt, die aussieht wie die jüdischen Shtetl im Osteuropa des 19. Jahrhunderts. Zehn Prozent der israelischen Bevölkerung machen sie heute aus. Tendenz: steil steigend. Schon jeder dritte Erstklässler kommt aus einer ultra-orthodoxen Familie.

Wer diese Welt verstehen will, der muss oben anfangen, bei den Hüten. Selbst wenn alle Hüte schwarz sind, kommt es sehr genau auf die Unterschiede an. »Vier bis fünf Grundmodelle gibt es«, erklärt Itzhak Ferster, »aber dazu Hunderte Varianten.«

So viele Varianten eben, wie die jüdische Ultra-Orthodoxie Strömungen hat. Aufs Material kommt es an, die Höhe, die Breite der Krempe, die Art des Hutbandes – all das gibt Auskunft darüber, zu welcher Gruppierung der Träger zählt. »Sehen Sie den Unterschied?«, fragt Itzhak Ferster und zieht einen Hut nach dem anderen aus dem Regal.

Sein Großvater hat das Geschäft begründet, damals noch in Wiesbaden, und statt Ferster stand Förster auf der Ladentür. »Förster. Der Qualitätshut«, so ist es auf einer alten Blechschachtel zu lesen, die traditionsbewusst im Laden ausgestellt wird. Der alte Abraham Förster erkannte zum Glück schon früh die Gefahr, die von den Nazis ausging, und übersiedelte mit der Familie 1933 nach Jerusalem. Sein erstes Geschäft eröffnete er auf der Ben-Yehuda-Straße im weltlichen Westen Jerusalems. Noch heute wird es von der Familie Ferster betrieben, doch das Hauptquartier liegt nun in Mea Shearim. Ebendort, wo der größte Bedarf an Hüten herrscht.

Das Meiste wird heute zwar in einer Ferster-Fabrik in Rumänien produziert, aber auch im Untergeschoss in Mea Shearim werden nicht nur Hüte repariert, sondern gefertigt. Es riecht nach Leim und Männerschweiß, unter Neonlicht wird hier geformt, genäht, gebürstet. Rund 10 000 Hüte im Jahr kommen aus diesem Keller, inklusive der Sonderanfertigungen für berühmte Rabbiner. Am Ende findet noch jeder bei Ferster den richtigen Hut. Bis an die Decke stapeln sich im Laden die Modelle. Die billigsten kosten 200 Schekel. Die teuren, gefertigt aus feinstem Kaninchenhaar, liegen bei 1200. Itzhak Ferster verkauft Hüte aus Leidenschaft. Stunden könnte er erzählen, doch zwischendurch muss er natürlich auch die Kundschaft bedienen. Eine Mutter ist mit ihrem halbwüchsigen Sohn hereingekommen. Schüchtern schaut er sich um in den Auslagen. »Er wird bald 13 und geht dann zur Bar-Mizwa«, erklärt Itzhak Ferster. »Dafür bekommt er nun seinen ersten Hut.«

Glanzvoll zwischen Krieg und Frieden

Wenn wieder eine dieser Visiten ansteht, dann sieht man die Bediensteten des Hotels schon in den Tagen davor außer Atem durch die Gänge eilen. Sind die Suiten fertig, die Blumen an ihrem Platz, ist alles perfekt für SEINEN oder IHREN Besuch? Liegt das Goldene Buch bereit, in das ER oder SIE das Autogramm setzen kann? Und wie wird IHM oder IHR das mit der koscheren Küche gefallen?

Es gibt viel zu bedenken für das Management des King David Hotels, denn hier steigen alle Mächtigen dieser Welt ab, wenn sie nach Jerusalem kommen. Präsidenten und Premierminister, Könige und Kanzler haben hier schon genächtigt. Die Wichtigs-

KING DAVID HOTEL
KING DAVID STREET 23
WWW.DANHOTELS.COM/JERUSALEMHOTELS/
KINGDAVIDJERUSALEMHOTEL

TIPP

EINEN HERRLICHEN BLICK AUF DIE JERUSALEMER ALTSTADT BEI EINEM COCKTAIL ZUM SONNENUNTERGANG GENIESST MAN AUF DEM DACH DES NAHE GELEGENEN MAMILLA HOTELS. WWW.MAMILLAHOTEL.COM

mer schon mehr gewesen als bloße Kulisse für große Ereignisse. Es ist ein Ort, an dem Geschichte gemacht wird – im Guten wie im Schlechten. Da war zum Beispiel jener furchtbare Tag im Juli 1946, als der komplette Südflügel in die Luft flog. Mehr als 90 Menschen starben damals in den Trümmern, es war ein Anschlag gegen die britische Mandatsmacht, die im Hotel ihr Hauptquartier hatte. Verantwortlich für das Blutbad war ein jüdischer Untergrundkämpfer namens Menachim Begin – und als Begin drei Jahrzehnte später Ministerpräsident von Israel war, da hat er hier im King David Hotel erneut Geschichte geschrieben und den ägyptischen Präsidenten Anwar al-Sadat getroffen zum ersten Gespräch über einen Friedensschluss.

Das gesamte Haus hat 233 Zimmer. Die Präsidentensuite ist das Prunkstück, doch dafür stehen gleich mal 4000 Dollar pro Nacht auf der Rechnung. Im Preis inbegriffen ist die Benutzung des »schönsten Gartenpools der Welt«, wie ihn das Management preist. Inklusive ist natürlich die großartige Aussicht auf die Altstadtmauern. Aber diesen Blick hat man auch ohne Suite, wenn man seinen Kaffee draußen auf der wunderschönen Terrasse nimmt.

ten sind mit ihrer Signatur auf dem langen Flur im Erdgeschoss verewigt, und Besucher können hier einen Spaziergang durch die Weltgeschichte unternehmen.

Von außen erinnert der mächtige Kasten eher an eine Festung als an einen Palast. Doch im Innern empfängt einen gediegener Luxus, wenn man sich nur in die Sessel der Lobby fallen lässt, einen Kaffee genießt und das Treiben ringsherum beobachtet. Vielleicht kommt ja gerade ein Staatschef um die Ecke oder ein anderer Prominenter schnürt durch die Gänge.

Das Hotel ist auf hohe Gäste eingestellt, genau dafür wurde es 1931 erbaut. Aber es ist im-

Jenseits von Klezmer

»Es gibt doch so viel mehr als Klezmer«, sagt Yaniv Levy und lässt den Blick schweifen – auf Klarinetten, Gitarren und Geigen, auf all die schönen Klezmer-Instrumente also. »Klezmer kam erst im 16. Jahrhundert auf«, sagt er, »die Wurzeln der jüdischen Musik gehen viel tiefer.«

Yaniv Levy ist Marketingmanager des »Museums für jüdische Musik«. Sechs Räume umfasst das Museum, das ist nicht viel für eine den ganzen Globus umfassende Zeitspanne von drei Jahrtausenden. Denn zeitlich geht es zurück bis zu den vermeintlich »goldenen Zeiten« unter den Königen David und Salomo – und geographisch vom babylonischen Exil bis zur euro-

KIKAR HAMUSICA
YOEL MOSHE SALOMON STREET 10
SO - DO 9.30-17.30 UHR, FR 9.30-13 UHR
EINTRITT: 50 SCHEKEL, KINDER 40 SCHEKEL
WWW.KIKAR-HAMUSICA.COM/EN

päischen Diaspora. Die heute oft als Synonym für jüdische Musik genommenen Klezmer-Klänge sind tatsächlich nur eine Ausprägung unter vielen Klangrichtungen, freilich die weltweit populärste. Im Museum wird darauf im Europa-Raum verwiesen, in dessen Ecke zwei schläfengelockte Puppen in schwarzen Anzügen hocken.

Die anderen Räume feiern die Vielfalt. Insgesamt 260 Instrumente haben die Museumsmacher auf der ganzen Welt gesammelt. All die verschiedenen Klänge und Stilrichtungen erlebt der mit einem Kopfhörer ausgerüstete Museumsbesucher, wenn er das ausgestellte Instrument auf dem mitgegebenen Tablet-Computer anklickt. Alles ist brandneu in diesem 2016 eröffneten Museum, alles hochmodern – und alles ohne staatliche Förderung.

Als Privateinrichtung ist es natürlich dem Kommerz genauso verpflichtet wie der Tradition. »Bis zu 50 Millionen Schekel«, umgerechnet knapp zwölf Millionen Euro, seien allein ins Museum investiert worden, meint Yaniv Levy. Und das Museum ist nur ein Teil eines Musik-Komplexes, für das der Geldgeber – ein nach Israel immigrierter französischer Brillenfabrikant – das halbe Viertel ringsherum aufgekauft hat. Fünf Restaurants und Cafés mit Livemusik gehören dazu, 17 Luxusapartments, jeweils eingerichtet nach einem musikalischen Thema, dazu eine Gemäldegalerie und ein Geschenkladen. Auf dem Dach steht noch ein Auditorium, folgen sollen ein Hotel, ein Aufnahmestudio und eine Schule für Comedy und Musik.

Kikar Hamusica heißt dieser Ort, übersetzt: Platz der Musik. Er soll über die Musik eine Vision verbreiten. Auf der Website ist viel von »Liebe« und »Frieden« die Rede, die Musik soll eine Brücke bilden zwischen den verfeindeten Juden und Muslimen. Unter den Besuchern allerdings ist kaum ein Araber aus Ostjerusalem, räumt der Marketingmanager ein. Das zeigt, wie tief die Gräben sind in dieser Stadt. Aber wenn sie durch etwas überwunden werden können, dann am ehesten wohl durch Musik.

56

STRASSENBAHN LINIE 1 BIS MAHANE YEHUDA.

Obst und Obstler

Vor der »Roasters Bar« steht der DJ und spielt die Sugarhill Gang. Hämmernder Rhythmus aus den Anfangstagen des Rap, wummernde Bässe, die bestens passen zu Bier und Wein, Schnaps und Cocktails, am besten in dieser Reihenfolge. Denn nachts gibt es kein Halten mehr auf dem Mahane-Yehuda-Markt. Der Obstmarkt wird zum Jahrmarkt der Eitelkeit.

In dieser neuesten Partyzone der Stadt wird das abgedroschene Klischee widerlegt, dass in Tel Aviv gefeiert und in Jerusalem gebetet wird. Sobald die Marktstände am Abend schließen, werden die Tische herausgeholt, auf denen schnell die Drinks stehen. Die Grenzen zwischen Hipster-

MAHANE YEHUDA MARKET
SO – DO 8-19 UHR, FR 8-15 UHR.
DANACH BEGINNT DAS NACHTLEBEN,
AUSSER AM FREITAG.

Bart und dem frommen Bart der Ultra-Orthodoxen sind hier fließend. Kippa und Coolness gehören zusammen, zum Beispiel bei Sam Volkin aus den USA, der aus Brooklyn zum Bibelstudium nach Jerusalem gekommen ist. »Hier gibt es so viel Religion«, sagt er, »und so viel gute Vibes.«

Am nächsten Morgen dann liegt dieselbe Gasse in einer anderen Welt. Wo am Abend getanzt wurde, stapeln sich nun Orangen, Granatäpfel und Tomaten. Geräucherter Fisch liegt in den Auslagen, die Hühnerbeine sind suppenfertig. Unter dem gläsernen Dach und unter freiem Himmel warten 250 Händler auf Kundschaft. Manche sind schon in der dritten oder vierten Gene-

ration auf dem Markt. Der Großvater war schon dabei, als die britischen Mandatsherren in den Zwanzigerjahren begannen, die wild gewucherten Stände fest zu installieren.

Doch auch die alteingesessenen Händler sehen, dass der »Shuk« im Umbruch ist: Delikatessenläden verdrängen die alten Stände, die Eventisierung des Alltags überlagert das originale jüdische Markttreiben. Früher kamen die Leute zum Kaufen, heute kommen viele zum Gucken. »80 Prozent sind Touristen«, schätzt Aaron Halimi, der sich auf die neue Kundschaft eingestellt hat. Sein Kräuterstand ist nun eine Kräuter-Boutique.

Vom nächtlichen Treiben auf seinem Markt hält der Händler wenig. »Die kommen hierher, tanzen auf den Tischen, und am Ende kotzen sie mir vor die Verkaufsflächen«, schimpft er. Doch das scheint eher ein Generationenproblem zu sein. Schräg gegenüber steht Yossi Derech an seinem Stand und preist seine Tee- und Früchtemischungen an. »Zwei Löffel davon, dann Eis und Wodka – das knallt«, verspricht er. »Ich bin jetzt Tag und Nacht hier auf dem Markt«, sagt er, »erst zum Arbeiten, anschließend zum Feiern.«

57

Bahnhof verstehen

THE FIRST STATION
DAVID REMEZ STREET 4
WWW.FIRSTSTATION.CO.IL/EN

TIPP

LOHNEND IST EIN BUMMEL DURCH DIE NAHE
GELEGENE GERMAN COLONY, DIE IN DER
ZWEITEN HÄLFTE DES 19. JAHRHUNDERTS
VON MITGLIEDERN DES DEUTSCHEN
TEMPLERORDENS ERBAUT WURDE.
HEUTE IST SIE EINES DER BELIEBTESTEN
WOHNVIERTEL DER STADT. AUF DER EMEK
REFAIM STREET FINDEN SICH SCHÖNE
CAFÉS, RESTAURANTS UND BOUTIQUEN.

Am siebten Tage aber sollst du ruhen, so sprach der Herr, und in Jerusalem wird das treulichst befolgt. Am Sabbat, der mit dem Sonnenuntergang am Freitag beginnt, sind im jüdischen Teil der Stadt die Geschäfte und Restaurants geschlossen, der öffentliche Personennahverkehr ruht. In Mea Shearim und den anderen Vierteln der Ultra-Orthodoxen sind die Straßen sogar mit Gittern versperrt, und wer sich verbotenerweise mit dem Auto hierher verirrt, wird mit Steinen empfangen. Das ist dann aber fast schon das einzige Abenteuer, das man am Ruhetag in Jerusalem erleben kann.

Die säkularen Bewohner der Stadt besinnen sich deshalb am

Wochenende oft darauf, dass das Beste an Jerusalem der Highway nach Tel Aviv ist. Einen Zug hinunter zur Küste können sie wegen der Feiertagsregeln nicht nehmen – doch immerhin haben sie einen Bahnhof, der am Wochenende geöffnet hat, selbst wenn hier keine Züge fahren: »HaTachana HaRishona«, die erste Station. Der alte Bahnhof im Süden ist zu einer Kultur- und Konsummeile umgestaltet worden und ganz schnell zur Attraktion avanciert.

An einem Samstagmorgen, wenn der Rest der Stadt noch schläft oder betet, herrscht hier schon Gedränge.

Flaniert und bisweilen auch gerannt wird durch historisches Gemäuer, in dem sich Cafés, Restaurants, Galerien und Geschäfte angesiedelt haben. Es wirkt wie ein Stückchen Tel Aviv mitten in Jerusalem, dabei war die lebensfrohe Metropole am Meer noch gar nicht gegründet, als der Bahnhof 1892 eröffnet wurde. Von hier aus fuhren die Züge nach Jaffa und weiter nach Haifa, wo sie mit der Hedschas-Bahn des Osmanischen Reichs verbunden wurden. Stolz wird vermerkt, dass schon Theodor Herzl, der Begründer des modernen Zionismus, die Zuglinie nutzte, ebenso wie weiland Kaiser Wilhelm II., wobei der allerdings auf einer der Schautafeln zum »deutschen Kanzler« degradiert wird.

Egal, es ist ein Ort voller Historie, der in den Weltkriegen die Truppen kommen und gehen sah, 1946 zum Schauplatz eines Anschlags des jüdischen Untergrunds wurde und später zu den Lebensadern des 1948 gegründeten Staats gehörte. Doch in den Neunzigerjahren gingen die Passagierzahlen zurück, 1998 wurde die »Tachana« geschlossen, 2005 ein neuer Bahnhof im Industrieviertel Malcha eröffnet. Die alte Station verfiel – nun ist sie wieder von jenem prallen Leben erfüllt, für das sie einst berühmt war.

Rot und Schwarz sind ihre Farben

TEDDY STADIUM
DAVID AYALON STREET
EINTRITT FÜR SPIELE VON HAPOEL
KATAMON: 40 SCHEKEL; JUGENDLICHE,
STUDENTEN UND SENIOREN 20 SCHEKEL;
KINDER UNTER 13 JAHREN FREI.
WWW.KATAMON.CO.IL (NUR HEBRÄISCH)

Es ist eine Stunde vor Anstoß, und Uri Scheradsky hat sich schon müde gelaufen. Er hat die Karten für die Ehrengäste am Ticket-Schalter hinterlegt, das versprochene Trikot für einen der Sponsoren noch schnell aus dem Kofferraum geholt und den Holztisch mit den Fan-Artikeln ebenso inspiziert wie die Sandwich- und Getränketheke. Unterwegs hat er so ungefähr jeden begrüßt, der ins Teddy-Kollek-Stadion gekommen ist. »Ist wie eine Familie hier«, sagt er, »aber ich bin froh, wenn ich mal einen nicht kenne. Dann weiß ich, dass er das Eintrittsgeld bezahlt hat.« Uri Scheradsky, ein früherer Sportjournalist, ist Chef des Fußballvereins FC Hapoel Kata-

mon Jerusalem. Hapoel ist ein Traditionsklub, gegründet 1926 vom israelischen Gewerkschaftsbund. Vor ein paar Jahren drohte der Verein nach Misswirtschaft unterzugehen. Da haben Scheradsky und ein paar Mitstreiter ihn einfach neu gegründet – als Hapoel Katamon, benannt nach dem Stadtviertel Katamon, wo das ursprüngliche Stadion stand. Es ist nun der einzige Klub in Israel, der seinen Fans gehört – und er ist viel mehr als ein Verein, er ist eine Weltanschauung. »Wir sind der Club für alle, die immer noch glauben, dass Jerusalem noch zu retten ist«, sagt Scheradsky.

Anders als beim Rivalen Beitar Jerusalem sind bei Katamon arabische Spieler immer willkommen. Eine »Nachbarschaftsliga« wurde gegründet, in der 250 jüdische und arabische Schüler nicht nur gemeinsam Fußball spielen, sondern auch Hilfe bei den Hausaufgaben erhalten. Und ab und an rücken die Vereinsmitglieder in einem Armenviertel zum Großreinemachen aus. »Tonnenweise haben wir da den Müll eingesammelt«, sagt Scheradsky.

Der Besuch eines Fußballspiels von Hapoel Katamon ist also mehr als nur ein Sportereignis. Es ist Stimmung pur, ganz schnell lernt man neue Freunde kennen, man debattiert über Politik oder das Leben, und dabei gerät das Spiel bisweilen zur Nebensache. Doch die Spieler unten auf dem Rasen können sich trotzdem immer darauf verlassen, dass die selten mehr als tausend Anhänger auf den Rängen vom Anstoß bis zum Schlusspfiff das viel zu große Stadion mit Gesängen zu füllen versuchen. Rot und Schwarz sind ihre Farben, sie sind die treuesten Fans des Planeten. Und Leiden gehört eben manchmal zur Fußball-Leidenschaft dazu.

Aber natürlich liegt beim Fußball die Wahrheit immer auf dem Platz. 2009 hatte Katamon ganz unten anfangen müssen – in der fünften Liga. Bis zur zweiten Liga sind sie schnell geklettert. Und jedes Jahr wird weiter vom Aufstieg geträumt.

59

Menschen, Tiere, Sensationen

Dies ist eine Fabel aus einem wundersamen Reich, eine Geschichte von Tieren und von Menschen. Sie spielt am Stadtrand von Jerusalem, wo alle Arten von Tieren in weitläufigen Gehegen leben: Affen und Löwen, Giraffen und Nilpferde, der syrische Braunbär, der persische Dammhirsch, die palästinensische Gazelle. Und jenseits der Gehege stehen staunend die Bewohner einer Stadt, die allzu oft der Wildnis gleicht: mit Revierkämpfen, mit dem Recht des Stärkeren, mit diesem ganzen Fressen und Gefressen-Werden. Um die Gewalt einzudämmen, ist die Stadt selbst zu einem riesigen Gehege geworden, durchzogen von sichtbaren und unsichtbaren Mauern.

BIBLISCHER ZOO
DERECH AHARON SHULOV 1
SO - DO 9-17 UHR, FR BIS 16.30 UHR,
SA 10-17 UHR
EINTRITT: 55 SCHEKEL; KINDER,
STUDENTEN, RENTNER 42 SCHEKEL

Nur einen Ort gibt es, an dem die Mauern durchbrochen werden und alle Arten von Menschen zusammenkommen, die sonst getrennt sind: Es ist der Zoo von Jerusalem. Hier, unter lauter wilden Tieren, sind die Menschen plötzlich ganz friedlich.

Und die Menschen kommen in Massen. 800 000 Besucher hat der Zoo im Jahr. »Damit sind wir unter den Orten, an denen Eintritt zu bezahlen ist, die Nummer-1-Touristenattraktion in Israel«, sagt Zoodirektor Shai Doron. Aber weit mehr noch als Touristen strömen die Einheimischen durch die Tore des Tierparks. Am frühen Morgen schon rollen die Busse mit Schulklassen an. Eine jüdische Religions-

schule schickt ihre Erstklässler, angeführt von einem lautstarken Lehrertrupp. Eine aufgekratzte palästinensische Mädchenklasse wird von streng verhüllten Lehrerinnen gebändigt. Und die immer in Schwarz-Weiß gewandeten Ultra-Orthodoxen stehen staunend vor den Pinguinen.

Auf engstem Raum herrscht hier ein freundliches, entspanntes Nebeneinander. Doch natürlich war es ein langer Weg zur friedlichen Koexistenz. Gegründet wurde der Zoo schon 1940 von dem aus der Ukraine eingewanderten Zoologie-Professor Aharon Shulov. Er wollte in seinem Tierpark ursprünglich alle 130 in der Bibel erwähnten Tiere versammeln. Bisweilen soll er es dabei mit der Bibel etwas zu wörtlich genommen haben – zum Beispiel mit jener Vision des Propheten Jesaja, wonach »der Wolf beim Lamme wohnt«. Die Umsetzung im Zoo ging eindeutig zulasten der Lämmer.

Aber das waren längst nicht die einzigen Schwierigkeiten des Tierparks, der immer wieder von den Wirren der Stadt- und Weltgeschichte erfasst wurde und mehrfach seinen Standort wechseln musste. Zunächst beschwerten sich Nachbarn über Gestank, Geräusche und die Gefahr durch entlaufene Tiere, was 1947 zum Umzug aus dem Stadtzentrum auf den Skopusberg führte. Dort geriet der Zoo im Unabhängigkeitskrieg von 1948 zwischen die Fronten. 1950 wurden die Tiere in den jüdischen Westen der geteilten Stadt umgesiedelt. Das war eine hochpolitische,

aber nicht mehr sonderlich komplizierte Aktion, weil nur zwei Wölfe, eine Hyäne, ein Löwe und ein Leopard überlebt hatten. Im nächsten Krieg 1967 starben mehr als hundert Tiere im Hagel der Granaten. 1993 schließlich bezog der Zoo das heutige Areal im Südwesten der Stadt.

Bis heute wird er als »Biblischer Zoo« geführt, doch die Religion spielt hier höchstens noch eine indirekte Rolle. Zum einen, weil ein Zoo heute kaum mehr vorstellbar ist ohne Kängurus oder Flamingos. Statt der 130 biblischen Arten, von denen einige längst ausgestorben sind, beherbergt der Park heute mehr als 200 verschiedene Tierarten. Zum andern aber auch, weil die Religion draußen all die furchtbaren Kämpfe befeuert. »Dagegen ist unser Zoo eine Insel der Vernunft«, sagt Direktor Doron.

AUSFLÜGE

Von Tel Aviv

Bett mit Bühne

ELMA ARTS COMPLEX LUXURY HOTEL
YAIR STREET 1, ZICHRON YAAKOV
WWW.ELMA-HOTEL.COM

TIPP

DIE GEGEND UM ZICHRON YAAKOV EIGNET
SICH HERVORRAGEND FÜR WANDERUNGEN.
DER »ISRAEL TRAIL« FÜHRT HIER ENTLANG,
GUT MARKIERTE TAGESETAPPEN FÜHREN
RICHTUNG NORDEN ZUM ALTRÖMISCHEN
HAFEN VON CAESARIA, RICHTUNG
SÜDEN ZUM NAHAL MEAROT MIT SEINEN
PRÄHISTORISCHEN HÖHLEN.
WWW.ISRAEL-TRAIL.COM

Als Erstes sieht man zwei gewaltige Hinterteile. Aus einem mächtigen Marmorblock gehauen, Carrara natürlich, stemmt sich ein nacktes Paar gegen einen Felsbrocken. Sisyphus ist das, und an seiner Seite müht sich Sisypha mit dem Stein. Geschaffen wurde diese 26 Tonnen schwere Skulptur, die in der Lobby alle Blicke einfängt, von der israelischen Künstlerin Sigalit Landau – und sie soll wohl verdeutlichen, welcher Kraftakt hier gestemmt wurde. Denn dieses Hotel verfolgt ein ziemlich einmaliges Konzept. Es ist eine Heimat der Künste, ein Ort für Konzerte und Theateraufführungen, für Ausstellungen und Meisterklassen. Es ist ein Traum, der

Formen angenommen hat. Der Traum von Lily Elstein.

Die Dame, die rüstig auf die neunzig zugeht, ist die treibende Kraft hinter dem »Elma Arts Complex Luxury Hotel« in Zichron Yaakov. Lily Elstein wurde hier auf den Hügelkuppen des Karmelgebirges geboren, ihre Großeltern zählten zusammen mit Baron Edmond de Rothschild zu den Gründern des Ortes. Später hat sie im Unabhängigkeitskrieg in den Reihen der paramilitärischen Palmach gestanden, danach kam sie vom Kampf zur Kunst. Zwischendurch hat sie einen sehr reichen Mann namens Joel Mosche Elstein geheiratet, der zu den Besitzern des Pharmakonzerns Teva zählte. Seit ewigen Zeiten ist sie in Israel als Mäzenin bekannt. Am Ende hat sie all ihre lebenslangen Aktivitäten unter ein Dach gepackt, unter das Dach von »Elma«, was für »Elstein Music and Arts« steht.

Den Gebäudekomplex in bester Aussichtslage hatte sie für umgerechnet 18 Millionen Euro erworben. Einst diente das Haus als Erholungsheim der Gewerkschaft, dann stand es leer und war zum Abriss freigegeben. »Es war eine Ruine«, sagt Projektmanagerin Gilat Tsoar, »Lily hat das Haus gekauft, um es zu retten.« Acht lange Jahre wurde renoviert, 80 Millionen Euro wurden investiert. Insgesamt also stecken 100 Millionen Euro in diesem Tempel der Kultur, der mit seinen 200 Angestellten zugleich der Erholung seiner Gäste dienen soll.

»Es ist schwer zu sagen, wo die Kunst aufhört und das Hotel anfängt«, lautet das Motto des Hauses, das natürlich auf die Hausherrin persönlich zurückgeführt wird. Die meistgehörten Sätze zwischen diesen Mauern fangen überhaupt gern mit »Lily« an: »Lily wollte das so«, »Lily liebt das«, »Lily konnte damit gar nichts anfangen«.

Alles Lily also, und das steht für Qualität. Lebensart wird zelebriert am Pool, im Spa samt türkischem Hamam und im Gym. Das Restaurant, koscher und fein, wirkt auf den ersten Blick wie ein großes Wohnzimmer samt Bücherwand, Sofas und Kamin. Ein Zufall ist das nicht, denn alles stand einst in Lily Elsteins Privatwohnung. Selbst in jedem der 51 Zimmer und in den 22 Cottages hat sie die Bilder einzeln ausgewählt.

Kernstück des Hotels aber sind nicht die Suiten, die Restaurants oder Liegeflächen, sondern die Kultureinrichtungen. Drei Galerien mit insgesamt 750 Quadratmetern Ausstellungsfläche finden sich hier, vier Amphitheater,

von denen das größte 800 Zuschauer aufnehmen kann, und zwei erstklassige Konzertsäle. Im kleineren, dem »Cube« mit 150 Plätzen, finden Kammermusik sowie Jazz, Blues und Pop eine Heimat.

In der »Elma Hall« mit 450 rotsamtenen Sitzen kommen die großen Konzerte zur Aufführung. Für die Akustik wurden Experten aus New York eingeflogen. Prunkstück ist die Orgel, geliefert von Klais aus Bonn: 1414 Pfeifen, Kostenpunkt 420 000 Euro. So steht im Elma-Hotel die erste und einzige Konzerthallen-Orgel in Israel, regelmäßig bespielt von internationaler Prominenz.

Hotelgäste bekommen Rabatt auf die Eintrittskarten, doch die Zimmerpreise haben es in sich. Im Idealfall soll der Hotel- den Kulturbetrieb finanzieren, aber die enormen Investitionen werden wohl niemals wieder hereinzuholen sein, räumt die Projektmanagerin ein. Kein Problem, denn wichtig ist, dass der Traum Wirklichkeit geworden ist. »Lily«, sagt Gilat Tsoar, »geht es nicht darum, Geld zu verdienen.«

ZUG VON TEL AVIV, SAVIDOR CENTER, NACH AKKO (ACRE)

König der Köche

Nach Akko fährt man der Kreuz-fahrer wegen, ganz klar. Bis 1291 hielten sie hier ihre letzte Bastion im Heiligen Land, und sie haben reichlich Zeugnisse ihres Wirkens hinterlassen. Oder man fährt dorthin wegen des bezau-bernden arabischen Marktes in der Altstadt, der so viel authen-tischer ist als der Altstadt-Markt in Jerusalem. Der ultimative Grund für einen Ausflug nach Akko aber sind die Fische. Genauer gesagt sind es die Fische, die bei »Uri Buri« auf den Tisch kommen.

In diesem Lokal – von außen un-scheinbar neben einem Park-platz am Meer gelegen und auch im Innern auf schlichtestes Un-derstatement getrimmt – gibt es

URI BURI RESTAURANT
HA-HAGANA STREET
TÄGL. 12-22.30 UHR

EFENDI HOTEL
LOUIS IX STREET
WWW.EFENDI-HOTEL.COM

die wohl besten Fischgerichte im Land. Wie wäre es also mit einem Lachs-Sashimi an Wasabi-Sorbet? Gorgonzola-Shrimps mit Spargel? Und zum Nachtisch Knafeh oder ein Kardamom-Eis? Seit mehr als 20 Jahren schon betreibt Uri Jeremias sein Restaurant in Akko. Uri Buri ist sein Spitzname, abgeleitet von seiner Liebe zu den Fischen: Buri nämlich ist eine Meeräsche. Im Lokal ist er nicht zu übersehen mit seinem grauen Bart, der im Ruhezustand fast den halben, durchaus mächtigen Körper bedeckt. Im Ruhezustand ist dieser Bart allerdings selten. Meist flattert er wie ein Banner hinter ihm her, weil Uri Jeremias gern wie ein Kugelblitz durch sein Reich fegt, hier in der Küche nach dem Rechten sieht und dort die Gäste an den Tischen vielsprachig, unter anderem auch auf Deutsch begrüßt. Gekocht wird allein nach seinen experimentellen Rezepten, zu denen er sich auf ausgedehnten Reisen durch Europa, Asien und Lateinamerika inspirieren ließ.

Die Einkehr bei Uri Buri sollte am besten nach einer Erkundung dieser antiken Hafenstadt stehen, der Römer, Kreuzritter und Muslime gleichermaßen ihren Stempel aufgedrückt haben. Seit 2001 zählt die Altstadt zum UNESCO-Weltkulturerbe. Die bedeutendsten Sehenswürdigkeiten liegen dabei versteckt – in der unterirdischen Kreuzfahrerstadt unter der Zitadelle, die erst 1955 wiederentdeckt und von jahrhundertealtem Schutt befreit wurde. Zu besichtigen sind gewältige Säle mit bis zu zwölf Meter hohen Säulen und ein 350 Meter langer Templer-Tunnel aus dem 12. Jahrhundert. Das arabische Wahrzeichen der Stadt ist die El-Jezzar-Moschee, die mit drei Barthaaren des Propheten aufwarten kann und diese Reliquie den Pilgern einmal im Jahr präsentiert.

Kaum ein Israel-Reisender lässt deshalb Akko aus. Doch die wenigsten gönnen sich genügend Zeit zum Essen oder bleiben gar über Nacht. Für all die aber, die sich nach dem Abendmahl bei Uri Buri nicht weit fort bewegen wollen und es sich leisten können, bietet der Wirt eine Steigerung des kulinarischen Luxus an: das »Efendi Hotel«. In einer Gasse des historischen Zentrums hat Uri Jeremias mit viel Liebe und viel Geld die Ruine eines osmanischen Palasts zu einer Luxusherberge umgebaut. Fünf Sterne, zwölf Zimmer, und das auf einer Gesamtfläche von 1350 Quadratmetern. Reichlich Luft zum Atmen gibt es hier also für die Gäste. Und reichlich Platz für volle Bäuche.

Zwischen
Tel Aviv und
Jerusalem

VON TEL AVIV, ARLOZOROV TERMINAL: EGGED-BUS 480 BIS HEMED INTERCHANGE,
DANN SUPERBUS 185 BIS HA SHALOM/HA MIFAL STREET.
VON JERUSALEM, INTERNATIONAL CONVENTION CENTER: SUPERBUS 185
BIS HA SHALOM/HA MIFAL STREET.

Die Hauptstadt des Hummus

ABU GOSH RESTAURANT
HA SHALOM STREET 65
TEL. 02-5332019

In Israel wird gern und viel gestritten – über die Politik, über die Religion und ganz vorneweg über die Frage, wo es den besten Hummus gibt. Jeder hat seinen ganz persönlichen Favoriten, jeder schwört auf ein Geheimrezept. Doch wenn man fragt, was die Hauptstadt des Hummus ist, dann gibt es meist nur eine Antwort: Abu Gosh.

Der zwischen Tel Aviv und Jerusalem gelegene 7000-Einwohner-Ort steht im Zeichen der Kichererbse. In die Hummus-Historie ist er einst eingegangen durch einen Eintrag ins *Guinness-Buch der Rekorde*, weil hier in einem einzigen, riesigen Topf 4090 Kilogramm Hummus angerührt wurden. Das war die

Idee von Jawdat Ibrahim, dem Wirt des Abu-Gosh-Restaurants, der zusammen mit 78 Köchen und 400 Helfern den Weltrekord den Libanesen entwandt.

Der Hummus – dieses Püree aus Kichererbsen, Sesampaste und Olivenöl, verfeinert mit Zitronensaft, Knoblauch und Petersilie – ist im Nahen Osten nämlich ebenso beliebt wie umkämpft. Die Israelis haben die cremige Vorspeise zum nationalen Leibgericht erkoren, der Hummus ist ihnen heilig. Doch einigen arabischen Nachbarn erscheint das wie kulinarisches Kolonialgehabe. Schließlich ist das für sie ein arabisches Gericht.

Legenden zufolge hat ihr mythenumrankter Volksheld Saladin im 12. Jahrhundert nicht nur die Kreuzritter aus Jerusalem vertrieben, sondern vor allem auch den Hummus erfunden. Anderen Quellen zufolge soll allerdings bereits in der Bibel von einem hummusartigen Gericht die Rede sein.

Wirtschaftliche Interessen spielen natürlich auch eine Rolle. Die Israelis exportieren ihren Hummus – und vor allem den aus Abu Gosh – weltweit mit Erfolg. Das schmeckt längst nicht jedem. Im Libanon haben Wirtschaftsvertreter ausgerechnet, dass ihnen dadurch in jedem Jahr Zigmillionen Dollar verloren gehen würden.

Jawdat Ibrahim aber will sich von solchen Küchenkriegen

nicht beeindrucken lassen. Er ist ein Mann des Ausgleichs, und seinen Rekordhummus hatte er mit einem gemischten israelisch-arabischen Team zubereitet. Abu Gosh ist eine jener Ortschaften in Israel, die von Arabern mit israelischer Staatsbürgerschaft bewohnt werden – und der Hummus baut hier Brücken. Denn nach Abu Gosh strömen auch die jüdischen Israelis an jedem Wochenende in Scharen.

Ein Glückspilz ist der Wirt Jawdat Ibrahim obendrein. In einer US-Lotterie hatte er vor ein paar Jahren 23 Millionen Dollar gewonnen. So ist er als reicher Mann nach Abu Gosh zurückgekehrt und hat neben dem Restaurant eine Stiftung gegründet, die Friedensprojekte für jüdische und arabische Kinder unterstützt. Die vier Tonnen Rekordhummus hat er dann an bedürftige Familien verteilt.

Überdies hat er den Libanesen ein Friedensangebot gemacht: »Lasst uns den nächsten Hummus zusammen zubereiten.« Darauf allerdings wollten sie sich in Beirut nicht einlassen. Sie haben sich allein den Weltrekord zurückgeholt – mit einer Menge von mehr als 10 000 Kilogramm. Jawdat Ibrahim hat es hingenommen. Das Wichtigste ist dann doch, dass für die Gäste in seinem Restaurant immer genug da ist.

VON JERUSALEM, CENTRAL BUS STATION: SUPERBUS 415 BIS HARTUV JUNCTION.
DANN EGGED-BUS 419 BIS AGRICULTURAL FARM/ZEKHARIYA HANAVI.
WEITER ZU FUSS RUND 1,6 KILOMETER.
VON TEL AVIV, SAVIDOR CENTER: ZUG BIS BEIT SHEMESH, DANN SUPERBUS 15 BIS
AGRICULTURAL FARM/ZEKHARYA HANAVI. DANACH NOCH RUND 1,6 KILOMETER ZU FUSS.

Im Klostergarten

Der Stolz von Pater Antonio ist ein hölzerner Kasten auf eisernen Stelzen. Es ist die erste Wetterstation Israels, die seit 1919 mitten im Klostergarten von Beit Gemal steht. »Jeden Tag messe ich hier die Niederschläge, die Temperatur und den Luftdruck«, sagt er, »und dann sende ich die Daten an die Zentrale des meteorologischen Instituts.« Man kann sich also mit dem italienischen Salesianer-Mönch perfekt über das Wetter unterhalten. Noch besser ist es allerdings, sich von ihm durch die Klosteranlage führen zu lassen, die voller Geschichte und Geschichten steckt. Das Mitte des 19. Jahrhunderts von einem italienischen Geistlichen gegründete Doppelklos-

BEIT GEMAL
MO - SA 8.30-11.30 UHR,
13.30-16.30 UHR.
SO UND AN CHRISTLICHEN
FEIERTAGEN GESCHLOSSEN.

ter Beit Gemal liegt abseits der üblichen Pilgerrouten. Doch es ist zu einem beliebten Ausflugsziel israelischer Familien geworden, die vor allem am Sabbat den wunderschönen Klostergarten mit den Rosen, Palmen und Mandelbäumen bevölkern. Sie kommen zum Picknick, nicht zum Beten. Sie genießen die Konzerte, die hier am Wochenende gespielt werden. Und sie kaufen bei den Mönchen und den Nonnen ein: selbst produziertes Olivenöl, Honig und den Wein der Marke »Messa« im Klosterladen der Salesianer-Brüder. Handgetöpfertes im Geschäft der »Schwestern von Bethlehem«, die nur mit einer Ausnahmegenehmigung mit den Kunden sprechen dür-

fen. Denn eigentlich haben sie ein Schweigegelübde abgelegt. Schweigen mag Gold sein für die Schwestern, doch der freundliche Pater Antonio, der Gäste gern willkommen heißt, hält es lieber mit der Beredsamkeit. In seiner Kirche kennt er jeden Stein, vor allem jene Steinchen aus den alten Mosaiken. Einst dienten sie als Fußboden der hier im 5. Jahrhundert errichteten byzantinischen Kirche. Erst 1919 waren sie bei Bauarbeiten zufällig entdeckt worden. Der antike Kirchenfund war den Mönchen fortan die Bestätigung dafür, dass hier das Grab des heiligen Stephanus gelegen haben muss, des ersten Märtyrers der Christenheit, der ungefähr im

Jahre 40 in Jerusalem gesteinigt worden war. Zwar gibt es einen veritablen Expertenstreit über den Ort des Grabes, »aber wir sind 100 Prozent sicher, dass es hier war«, sagt Pater Antonio resolut. Stephanus wurde deshalb auch die 1930 gebaute, farbenfrohe neue Kirche gewidmet. Die alten Mosaiken werden an der Außenwand präsentiert.

Dem heiligen Stephanus ein Denkmal gesetzt hat im Jahr 2000 auch der renommierte israelische Bildhauer Igael Tumarkin. Er wollte das Kloster als Ausstellungsort nutzen. »Dafür musst du uns aber etwas zu Stephanus machen«, sagte Pater Antonio. »Wer war denn das?«, fragte Tumarkin. Pater Antonio versorgte ihn mit Literatur – und heraus kam eine aus Steinen wachsende Rost-Skulptur in Kreuz- oder vielleicht auch Vogelform. Sie steht nun neben der Kirche. »Warum das so aussieht, weiß ich auch nicht«, sagt Pater Antonio. »Das muss man schon den Künstler fragen.«

64

VON TEL AVIV, ARLOZOROV RAILWAY STATION : SUPERBUS 412 BIS ESHTAOL JUNCTION.
VON DORT AUS GUT 500 METER ZU FUSS.
VON JERUSALEM, CENTRAL BUS STATION : EGGED-BUSSE 415, 437, 446
BIS ESHTAOL JUNCTION.

Wein und Wahrheit

FLAM WINERY
YAAR HAKDOSHIM, ESHTAOL JUNCTION
TEL 02-9929923
WWW.FLAMWINERY.COM

Der Blick geht über grüne Hügel, schlanke Zypressen recken sich in den Himmel, Pinien breiten schattenspendend ihre Äste aus. Hier kann man sich einen fruchtig-frischen Weißwein schmecken lassen oder den kräftigen Roten, den Classico. Ach, wie schön es doch in der Toskana ist – oder auch an dem Ort in Israel, der der Toskana am nächsten kommt: auf dem Weingut Flam im Judäischen Bergland.

Der »vino« heißt hier »jain«, und er wurde im Heiligen Land schon getrunken, als die Römer noch in Höhlen hausten. Wer bibel- und zugleich auch trinkfest ist, der weiß, dass im Alten wie später im Neuen Testament der Wein an mehr als 500 Stellen er-

wähnt wird. Jesus hat gleich bei seinem ersten Wunder Wasser in Wein verwandelt.

Für Tradition ist also reichlich gesorgt, doch erst vor relativ kurzer Zeit haben sich die Winzer in Israel wieder auf ihr großes Erbe besonnen. Bis dahin nämlich galt der israelische Wein als pappsüße Plörre, was den Kunden allerdings meist egal war, weil sie ihn höchstens mal bei religiösen Zeremonien runterkippten. Hauptsache koscher. Schmerzlich allerdings war das für einen leidenschaftlichen Winzer wie Israel Flam. »Bis vor 15 oder 20 Jahren gab es hier keinen Markt und keine Leute, die den Wein genossen haben«, erinnert er sich. »Wenn hier was getrunken wurde, dann war es Wodka.«

Dass sich das so schnell und gründlich geändert hat, hat auch einiges mit der Familie Flam zu tun. Mehr als 40 Jahre lang hat Israel Flam als Weinpionier bei Carmel, dem größten Weingut des Landes, gearbeitet. Als er vor einigen Jahren pensioniert wurde, konnte er nahtlos einsteigen bei der 1998 von seiner Frau Kami, den beiden Söhnen Golan und Gilad sowie der Tochter Gefen gegründeten »Flam Winery«. Es ist ein Familienbetrieb, bei dem alle mit anpacken. Gäste werden auf der sonnigen Terrasse mit Wein und Käse familiär bewirtet.

Heute beobachtet Israel Flam einen regelrechten »Hype« um israelische Weine, die von internationalen Kritikern wie Robert Parker oft bestens bewertet werden. Mehr als 200 neue Weingüter sind in den letzten Jahren entstanden, die meisten davon wie Flam als »Boutique-Weingüter«. 150 000 Flaschen werden bei Flam im Jahr produziert. »Wir kommen gar nicht mehr nach«, sagt Gilad Flam, »die Nachfrage ist größer als das, was wir liefern können.«

Das Wachstum hat enge Grenzen. »Qualität geht vor Quantität«, sagt er. Das Motto: »Wir machen das Beste aus dem, was die Natur uns gibt.« So werden die Flam-Weine vor allem in edleren Restaurants und Wein-Bars von Tel Aviv kredenzt. Ein Viertel der Produktion geht ins Ausland – in die USA, nach Kanada und nach Europa. Aber wohl nirgends schmecken der fruchtige Weiße oder der Classico so gut wie auf der Terrasse in der judäischen Toskana.

Von Jerusalem

65

BUSSE NACH RAMALLAH FAHREN VOM BUSBAHNHOF IN OST-JERUSALEM
IN DER NÄHE DES DAMASCUS GATES AB.

Auf Tuchfühlung mit Arafat

JASSIR-ARAFAT-MUSEUM
BRAZIL STREET
DI – SO 10–17 UHR,
IM SOMMER BIS 18 UHR
EINTRITT: 5 SCHEKEL,
FAMILIEN 10 SCHEKEL
WWW.YAM.PS

(ZUM BEISPIEL IM MÖVENPICK HOTEL
ODER IM ROYAL COURT), KANN ABENDS
IM »ORJUWAN« SPEISEN. ANSCHLIESSEND
WIRD GEFEIERT IN EINER BAR NAMENS
»BERLIN IN RAMALLAH«
ODER IM »RADIO«.

TIPP

RAMALLAH, DIE IM WESTJORDANLAND
GELEGENE HAUPTSTADT DER
PALÄSTINENSISCHEN AUTONOMIEBEHÖRDE,
HAT EIN NICHT ZU UNTERSCHÄTZENDES
NACHTLEBEN – STICHWORT: BIG OLIVE.
WER ALSO DEN MUSEUMSBESUCH MIT
EINEM HOTELAUFENTHALT VERBINDET

Der Raum ist verdunkelt, an den Außenwänden stapeln sich die Metallfässer. Bis oben hin sind sie mit Sand gefüllt, zum Schutz, wenn wieder mal geschossen wird. Achtlos hingeschleudert verteilen sich die klobigen Stiefel der Leibwächter über den Fußboden, auf den drei Stockbetten liegen Maschinenpistolen und Gasmasken. Zum Aufräumen

hat hier wohl keiner Zeit gehabt, alle Zeichen stehen auf Alarm. Eine gewisse Ordnung herrscht allein in einer kleinen Kammer am Ende des Gangs: Hier bedeckt eine filzige Wolldecke das Bett, hier hängen die khakifarbenen Uniformjacken ordentlich aufgereiht im Schrank, und auf einem Brett darüber ist neben der Unterwäsche ein sorgsam gefalteter Stapel schwarz-weißer Tücher zu sehen. Da konnte ER sich bedienen, wenn ER mal eine frische Keffijeh brauchte.

Die Zeit ist hier stehengeblieben Ende 2004, als Jassir Arafat diesen Raum für immer verlassen hat. »Wir haben fast nichts verändert«, sagt Mohammad Halayka mit der gebotenen Ehrfurcht.

Denn diese Räume sind Arafats letztes Refugium in Ramallah gewesen. Drei Jahre hat der Palästinenser-Führer hier belagert von der israelischen Armee verbracht, bevor er zum Sterben in ein Pariser Militärhospital ausgeflogen wurde. Nun werden diese Räume als Prunkstücke des »Jassir Arafat Museums« in Ramallah präsentiert, das Ende 2016 unter Halaykas Leitung eröffnet wurde.

Jassir Arafat, den sie schon zu Lebzeiten »Mister Palestine« genannt haben, der eine Legende ist, ein Chamäleon und der Nationalheilige eines Volkes, das noch immer keinen Nationalstaat hat, hat also direkt neben seinem Mausoleum ein Museum bekommen. Von den Niederungen der Politik ist er damit wohl endgültig ins Reich der Folklore übergesiedelt.

Leben und Werk dieses 1929 geborenen Mannes brauchen Platz: 2600 Quadratmeter waren zu füllen in diesem Haus, das sechs Millionen Euro Baukosten verschlungen hat. Natürlich darf Arafats private Pistole nicht fehlen, jenes Stück, das er anno 1974 bei seinem ersten Auftritt vor den Vereinten Nationen im Halfter trug. Auch seine Keffijeh, die als »Pali-Tuch« erst in die Welt der Revoluzzer, dann in die der Mode eingeführt wurde, hält natürlich einen Ehrenplatz. Und gezeigt wird obendrein noch seine Brille, vermutlich als Beleg für Weitsicht.

Am Ende hat sogar die Hamas, die seit Jahren ihre Feindschaft zu der von Arafat gegründeten Fatah pflegt, mit den Museumsmachern kooperiert und die Friedensnobelpreis-Medaille von 1994 herausgerückt. Die Auszeichnung, die Arafat zusammen mit den Israelis Jitzchak Rabin und Schimon Peres erhielt, war irgendwie beim Umzug nach Ramallah in Gaza liegen geblieben. »Die Rückgabe-Verhandlungen haben ziemlich lange gedauert«, bekennt Halayka.

So wird in den Schleifen des Museums ein kurvenreiches Leben eingefangen, das vom bewaffneten Kampf zu Friedensverhandlungen führte und wieder zurück. Dunkle Seiten wie die zu Arafats Zeiten immer wieder beklagte Korruption oder der ausufernde Nepotismus bleiben allerdings ausgespart.

66

Holz und heilig

Um nach Bethlehem zu gelangen, reicht es heute nicht mehr, einfach nur dem Stern zu folgen. Zwar ist der Himmel immer noch meist klar im Heiligen Land, doch auf Erden hat sich manches Hindernis aufgetürmt. So steht zwischen den beiden Städten Jerusalem und Bethlehem, die nur wenige Kilometer voneinander entfernt sind, eine acht Meter hohe Betonmauer. Sie trennt Israel vom palästinensischen Westjordanland, und wen es heute zum Geburtsort Jesu zieht, der muss diese Mauer überwinden beziehungsweise an einem Checkpoint die Grenzlinie überqueren.

Belohnt wird man dafür ganzjährig mit einem Weihnachtsmarkt.

CHRISTMAS HOUSE
MILK GROTTO STREET, BETHLEHEM
WWW.MYCHRISTMASHOUSE.COM

TIPP

DER BRITISCHE GRAFFITI-KÜNSTLER BANKSY HAT BETHLEHEM MEHRFACH BESUCHT UND EIN PAAR WUNDERBAR HINTERSINNIGE MOTIVE AUF DER MAUER HINTERLASSEN. AUSSERDEM HAT ER DORT IM FRÜHJAHR 2017 DAS »WALLED OFF HOTEL« – VOLLGEPACKT MIT EIGENEN WERKEN – ERÖFFNET. JEDER TAXIFAHRER IST GEWISS GERN BEREIT ZU EINER KLEINEN BANKSY-TOUR DURCH BETHLEHEM.

Zwar gibt es keinen Schnee, keinen Lebkuchen und auch keinen Glühwein. Dafür aber Krippen zuhauf. Denn Bethlehem mit seinen 30 000 Einwohnern, von denen knapp ein Drittel Christen sind, ist die Hauptstadt der Krippenschnitzer.

Vom Krippenplatz, wo die Geburtskirche über jener Stelle errichtet wurde, an der das hochheilige Kind im Futtertrog lag, biegen die Gassen ab, in denen die Schnitzer oft schon seit Generationen ihrem Handwerk nachgehen. Bei Jack Giacaman liegt die Werkstatt gleich neben dem Geschäft. Es riecht nach Sägespänen, nach Olivenholz und nach harter Arbeit.

Seine Familie ist vor Jahrhunderten schon aus Italien eingewandert. Als Katholiken waren sie prädestiniert fürs heilige Schnitzwerk. Im Laden von Jack Giacaman sind die Regale übervoll mit den Figuren der heiligen Familie, mit sonstigen himmlischen Heerscharen, mit Ochs und Esel und obendrein noch Kamelen. Wer hierherkommt, kann sich noch auf Handarbeit verlassen. Doch der Konkurrenzdruck ist groß. Draußen wird zu Billigpreisen auch Massenware aus China verkauft.

Vor ein paar Jahren hatte Jack Giacaman dann eine Idee, wie man die immer gleichen Krippenszenen an die neuen Zeiten anpassen könnte: Er hat eine Mauer geschnitzt, in deren

Schatten das Kind in der Krippe liegt. Und jenseits der Mauer stehen die hölzernen Drei Könige, die wegen des Monstrums nicht mehr weiterkommen. »Am Anfang war das eher ein Witz«, sagt Jack Giacaman. Doch die Mauerkrippe hat sich zu einem ziemlichen Verkaufsschlager entwickelt. So hat er sie im Sortiment behalten – als Erinnerung daran, dass Weihnachten doch eigentlich das Fest des Friedens und der Versöhnung ist.

Hochgefühl am Tiefpunkt

EIN GEDI NATIONALPARK
IM SOMMER SO – DO, SA 8–17 UHR,
FR UND VOR FEIERTAGEN 8–16 UHR.
IM WINTER SO – DO, SA 8–16 UHR,
FR UND VOR FEIERTAGEN 8–15 UHR.
EINTRITT : ERWACHSENE 28,
KINDER 14 SCHEKEL
WWW.PARKS.ORG.IL/SITES/ENGLISH/
PARKSANDRESERVES/ENGEDI

TIPP

WER SICH NACH DER WANDERUNG IM SPA
ERHOLEN, AUF EINER TERRASSE MIT BLICK
ÜBER DAS TOTE MEER EINEN SUNDOWNER
GENIESSEN UND SICH SPÄTER BEI EINEM

ÜPPIGEN ABENDESSEN STÄRKEN WILL,
DER SOLLTE DIE NACHT IM »EIN GEDI
KIBBUZ HOTEL« VERBRINGEN. DIE ZIMMER
LIEGEN FAST ALLE EBENERDIG MITTEN IN
EINEM BOTANISCHEN GARTEN MIT MEHR
ALS TAUSEND PFLANZENARTEN.
WWW.EN.EIN-GEDI.CO.IL

Tiefer kann man nicht mehr sinken. Wer am Eingang zum Ein Gedi Nationalpark steht, der ist auf 430 Meter unterhalb des Meeresspiegels angekommen. Der Himmel ist blau, die Luft rein – ideale Bedingungen also für eine spektakuläre Wanderung. Von hier aus, das ist klar, kann es nur noch aufwärts gehen.

Vom Toten Meer, dem tiefsten Punkt der Erde aus, haben sich zwei Wadis in die schroffen Felsen der Judäischen Wüste eingeschnitten: das Wadi David und das Wadi Arugot. Inmitten der steinig-kargen Landschaft führt hier der Weg durch Bambus, Farn und Gummibäume. Vorsicht nur vor dem Sodomsapfel, einem Nachtschattengewächs, das seinen üblen Ruf den spitzen Stacheln verdankt, mit denen es allzu aufdringliche Freunde der Flora auf Abstand hält.

Vier Quellen entspringen im Nationalpark. Die Wege führen vorbei an plätschernden Bächen, plötzlich rauscht ein Wasserfall, natürliche Becken laden zum Baden ein. Wegbiegungen bieten wunderschöne Ausblicke auf das Tote Meer, das sich meist wie glattgezogen als Spiegel für die umliegende Bergwelt anbietet. Dem Paradies kann man auf Erden kaum näher sein.

Allein allerdings ist man hier selten. An Wochenenden ist vor allem das Wadi David mit seinen kürzeren Wanderungen eine Art Prozessionsgelände. Dann fallen die Großfamilien und Freundeskreise ein, die der Natur nicht unbedingt kontemplativ gegenüberstehen. An Werktagen lässt sich mit ein wenig Glück mehr Ruhe finden – vor allem im etwas beschwerlicheren Wadi Arugot. Da wird es einsamer, je weiter man vordringt und je höher man steigt.

Wer die Menschenmassen hinter sich hat, kann die Gesellschaft der Klippschliefer genießen. Die sind ziemlich rund, um nicht zu sagen fett, was gewiss daher kommt, dass sie tatsächlich mit Elefanten und Seekühen verwandt sind. Die Verwandtschaft muss allerdings sehr weitläufig sein, denn größer als Kaninchen werden die Klippschliefer nicht, und dabei sind sie zumindest hier in Ein Gedi fast so zutraulich wie Hauskatzen. Ausgestreckt findet man sie auf manchen Felsen, und von den Wanderern lassen sie sich beim Sonnenbad nicht stören.

REGISTER